人不能不壞

生活中絕對受用的處世技巧

俗話說：「人善被人欺，馬善被人騎。」一個人如果心過分善良，臉皮比較薄，心腸也比較軟，在這種情況下，一些心術不正的人就會千方百計地利用他、欺騙他、欺負他，甚至傷害他。而另一方面，那些性格比較強硬的人，也就是那些「不好惹」的人，常常是最能吃得開的人。

人生在世，做人是第一大事。怎樣做人，做一個什麼樣的人，這是關係到一個人立身處世，生存發展，事業成敗，家庭幸福的大事。學會做人，是萬事的前提和根本。在生活中，做人處處是技巧。不懂這些技巧的人，在生活中就容易碰壁和遭受挫折。

許多成功的人士認為，做人第一，做事其次，學問再次，天資常居最末。假如你決心成為出類拔萃的人，千萬不能忽視人際關係，不可忽視了為人處世的技巧。

「世事洞明皆學問，人情練達即文章。」做人做事需要有原則，更需要有智慧。在絕大多數情況下，靈活溫和比刻板極端更受歡迎。一位企業界成功人士指出：工作能力當然重要，但做人技巧同樣不可或缺。更重要的是，做不好人，你就很可能沒有事可做；而做好了人，別人可以幫助你完成一些非常困難的事。

在為人處世中，聰明人應該在性格上具有一定的彈性。所謂彈性，那就是能屈能伸，剛硬粗大的樹枝易於折斷，而細柔的籐條卻不脆弱，因其堅韌，才使它充滿活力。在某些場合，如在大是大非上，我們應該像堅硬的樹幹一樣剛直不阿。但在一些細小的問題上，我們又必須像細柔的籐條一樣，顯示它的靈活性與多變性。

生活中的許多人要麼把做人做事之道看得過於複雜，彷彿用盡渾身力氣，也無法達到完美；要麼把做人做事看得過於簡單，認為率性而為，隨心所欲即可。其實，做人是一門學問，更是一門藝術，它需要的不僅是滿腔熱情、遠大的志向以及不畏艱辛的努力，更需要奮鬥者具備說話辦事、為人處世等多方面的必要素質。也就是說，不管一個人多聰明、多能幹，條件有多好，如果不懂得做人做事的方法，光有一肚子大道理，空懷熱切的期盼，或者只是揣著一廂情願的想法，從來不考慮別人的需求，那麼他最終的結局肯定是失敗。在很大程度上，只有做人成功，才是真正意義上的成功；處世成功，才能獲得各方面的支持，順利地實現自己的各種理想。

必須指出的是，我們強調處世計謀，不是要教你學壞或是奸詐，而是要教你積極地克服那些對自己的交往或發展不利的言行和習慣，學習一些為人處世的技巧，尋找能從人際交往中獲得盡可能多的收益的良方。

目錄

Chapter 1 生活中不可忽視的處世技巧

Chapter 2

與人往來要多費點心思，多留個心眼

{ 目錄 }

Chapter 3

能屈能伸，以退為進的高明處世策略

人不能不壞

生活中絕對受用的處世技巧

CHAPTER 1

生活中不可忽視的處世技巧

做人不能太奸詐，不能太壞，但也不能不注重技巧，不講究方法。在生活中，我們常常發現這樣的情況：許多能力平平，但相貌堂堂，舉止優雅的人，比起那些聰明而博學的人來，能獲得更快的提升，有時甚至於把那些頭腦聰明的人遠遠地拋在了後面。有些人似乎特別幸運，他們的成功比常人來得容易，而他們付出的卻比別人少很多！然而，只要我們對這些「幸運兒」稍加分析就會發現，這全是因為他們善於為人處世的緣故。

01 做人處處是技巧

欲在複雜的社會立足必須運用適當的謀略，在處世謀略和手段方面，我們能夠從古今中外的歷史故事中得到很多啟示。

《三國演義》充分地反映了封建統治階級內部的不同集團和派別，為達到一己私利，他們爾虞我詐、鉤心鬥角，使盡陰謀詭計，廣泛地運用謀略權術，所進行的激烈複雜的政治、軍事鬥爭。他們的具體做法並不一定是我們所崇尚和主張的，但是卻可以給我們很多啟示。

董卓作亂之時，十八路諸侯興兵討伐，聲言「共赴國難」，而暗中卻各懷鬼胎。孫堅為先鋒出兵攻敵，統管糧草的袁術認為「孫堅乃江東猛虎」，恐其力量壯大，故拒絕發放糧草。

孫堅在洛陽宮中無意中得到傳國玉璽，便立即背棄反董卓盟約，「速回江東，另圖大事」。反董卓盟主袁紹聞訊向孫堅索要傳國玉璽不成，便暗中寫信給荊州劉表，命他在孫堅返回江東途中截取。

孫權為從劉備手中取回荊州，不惜以自己的親妹妹為誘餌，使用「招親」把戲，企圖將劉備「騙來南徐……幽囚於獄中，卻使人去討荊州換劉備」。此計被識破後，又謊稱「國太病重」，欺騙孫夫人攜帶劉備幼子阿斗返回東吳，企圖以阿斗為人質交換荊州。

在關羽失荊州死亡之後，孫劉聯盟破裂，孫權唯恐劉備起兵報復，遂派使臣送一封信給曹操，孫權在信中奉承曹操說：「臣孫權久知天命已歸王上，伏望早正大位，遣將剿滅劉備，掃平兩川，臣即率群下納土歸降矣。」孫權勸曹操廢漢稱帝的企圖有二：一是可以引起劉備及其他擁護漢室勢力群起反對曹操；二是轉移劉備對東吳奪荊州、殺關羽一事的注意，用心十分險惡。難怪曹操說：「這小子想把我放在火爐上燒烤嗎？」

即使是以仁義取天下的劉備，也極善於玩弄謀略，他就是採用「借刀殺人」的權術利用曹操殺了呂布。

劉備在漢末軍閥混戰中，曾一度佔據過徐州（今江蘇徐州），但不久因張飛醉酒誤事，徐州又被呂布乘隙攻佔。劉備屯軍在徐州附近的小沛（今江蘇沛縣）。因攻佔徐州事，劉、呂雙方雖表面如常往來，但芥蒂已結，所以各自對對方懷有戒心。

曹操派人送給劉備一封信，信中請劉備相機就近襲擊呂布。沒承想，這封信竟然被呂布得到。呂布一看大怒，於是率先發兵攻打劉備。劉備此時兵力薄弱，不是呂布對手。事由曹操書信引起，於是劉備事急只好向曹操求援。

曹操先遣夏侯惇帶兵救援劉備，自己親率大軍後到。援軍還沒有到達，小沛已被呂布攻下。曹操大軍到後，將呂布圍困在下邳城中。曹軍久攻不下，後來決開沂、泗之水灌城，終於迫使呂布投降。

呂布被捆綁著押送到曹操面前，呂布對曹操說：「捆綁得太緊了，請稍放鬆一點。」曹操對他說：「縛虎不得不緊。」呂布又對曹操說：「您所擔憂的，不過是我。現在我已經降服，天下就不足憂慮了。以後由我輔助您，安定天下不會有問題。」曹操聽了呂布的話，覺得有一定道理，況且現在群雄逐鹿，正是用人之際，呂布如能真心歸順，自己的實力又可進一步擴大。

因此，是留是殺，一時之間有些遲疑不決。曹操沉吟不決的情狀，被在一旁的劉備看得一清二楚，他怕曹操一時轉變主意而不殺呂布，於是便在旁邊對曹操說：「您難道忘了呂布服待丁原和董太師的舊事了嗎？」劉備一句話提醒了曹操，曹操立時堅定決心，馬上下令把呂布推出斬首。

原來，呂布曾是丁原的部下，董卓進京後，他被董卓收買，殺了丁原，投靠董卓，並認董卓為義父；呂布後來又與王允合謀，殺了董卓。呂布雖然驍勇善戰，但其反覆無常為世人所不齒。曹操愛惜呂布驍勇，想留下他為己效力，可是被劉備一語點破，又恐怕養虎遺患，終於下決心殺了呂布。

劉備借曹操之刀殺掉呂布，既借曹操之手消除了自己的夙敵，又使曹操不能利用呂布為其效力。劉備的手段不可謂不狠。其結果對於以匡扶漢室為己任的劉備，這正是有利而無弊的。

曹操煮酒論英雄時，他假托聞雷失箸，以掩飾自己的失態，竟然瞞過了一代奸雄曹操。趙子龍大戰長阪坡，奮力救回幼主阿斗，劉備竟當趙子龍面擲阿斗於地，正如民間歇後語所說：「劉備摔阿斗——收買人心。」

為人處世，有時做出的舉動，是做給人家看的。做了，明知心不是這樣想，卻也能溫暖人心；不做，雖然表裡一致，做人坦然，卻冷落了眾人心。

假如那時的劉備，惦記著夫人和阿斗的安全，好不容易盼到趙雲飛馳而至，如果他撇開惶惶不安，同樣是兒女失散、家破人亡的部下而不顧，衝上前去抱著阿斗吻個不停，眾人看了能不灰心冷意嗎？他這是叫大家為他劉家父子賣命！眾人心冷後，劉備這支軍隊能不潰散嗎？他劉備欲求父子全命的結果，不是適得其反嗎？

劉備做了這齣戲，這就使得趙雲更死心塌地報答劉備的知遇之恩。得人心者得天下，做上司的（普通人也是如此）必須以大局為重，為收服人心，必要時應把自己的真情實感掩藏起來，做些忍痛割愛之舉。看似損害了自己的利益，實際則得到了更大的實惠。

《三國》是充滿謀略權術之書，裡面有很多處世謀略，只要仔細閱讀，悉心體會，會使人茅塞頓開，增強適應社會的能力，在人生的競技場上多幾分勝利的把握。

02 自誇是明智者所避免的

泰戈爾說：「當我們大為謙卑的時候，便是我們最近於偉大的時候。」為人處世最為緊要的一點就是謙遜。

生活中具有驕矜之氣的人，大多自以為能力很強，很了不起，做事比別人強，看不起別人。由於驕傲，則往往聽不進去別人的意見；由於自大，則做事專橫，輕視有才能的人，看不到別人的長處。驕矜對人對事的危害性是很大的，這一點古人認識得十分清楚。

唐代杜甫的祖父的杜審言，唐中宗時做修文館學士，為人恃才自傲，曾對人說：「我的文章那麼好，應該讓屈原、宋玉來做我的衙役；我的字足以讓王羲之北面朝拜。」杜審言有些太自不量力了，所以被後世的人們所嘲笑。這樣驕傲自誇，只是顯出了他的見識短淺，並沒有人認為他的才能真的有那麼大。

《勸忍百箴》中對於驕矜問題是這樣論述的：金玉滿堂，沒有人能夠把守住。富貴而驕奢，只會自食其果。君主對人傲慢會失去政權，大夫對人傲慢會失去領地。驕傲自誇，是出現惡果的先兆，而過於驕奢，注定要滅亡。

確實是這樣的。一位哲人指出，現代人最大的問題，就是驕矜之氣盛行，千罪百惡都產生於驕傲自大。驕橫自大的人，不肯屈就於人，不能忍讓於人。做為領導的人過於驕橫，則不可能很好地指揮下屬；做下屬的過於驕傲，則會不服從領導人。驕矜的對立面是謙恭、禮讓。要忍耐驕矜之態，必須是不居功自傲、自我約束，克制驕傲的產生。要常常考慮到自己的問題和錯誤，虛心地向他人請教學習。謙遜是古今中外傑出人士的共同特質。

在第二次世界大戰之後，因為丘吉爾有卓越功勳，在他退位時，英國國會打算透過提案，塑造一尊他的銅像放在公園裡供遊人景仰。一般人享此殊榮，高興還來不及，丘吉爾卻謙遜地拒絕了。貢獻巨大的物理學家焦耳去世前兩年對他的弟弟謙遜地說：「我一生只做了兩、三件事，沒有什麼值得炫耀的。」

哲學家說過這樣一句話：自誇是明智者所避免的，卻是愚蠢者所追求的。具有謙虛謹慎品格的人，在待人接物時能溫和有禮、平易近人、尊重他人，善於傾聽他們的意見和建議，能虛心求教，取長補短。對待自己有自知之明，在成績面前不居功自傲；在缺點和錯誤面前不文過飾非，能主動採取措施進行改正。謙虛謹慎永遠是一個人建功立業的前提和基礎。

北宋文學家蘇東坡，天資聰穎，過目成誦，出口成章，被譽為：「有李太白之風流，勝曹子建之敏捷。」蘇東坡官拜翰林學士，在宰相王安石門下做事。王安石很器重他的才能，然而，蘇軾自恃聰明，常常出言多有譏誚之意。

一次，王安石與他作解字遊戲，論及坡字，坡字從「土」從「皮」，於是王安石認為：「坡乃土之皮」。蘇東坡笑道：「如相公所言，滑字就是水之骨了。」王安石心中不悅。

又一次，王安石與蘇東坡談及鯢字，鯢字從「魚」從「兒」，合起來便是魚的兒子的意思。蘇東坡又調侃說：「鳩可作九鳥解，毛詩上說：『鳴鳩在桑，其子七兮。』就是說鳩有七個孩子，加上父母兩個，不就是九隻鳥嗎？」王安石聽了不再發話，但心中對蘇東坡非常反感。

蘇東坡在湖州當了三年官，任滿回京。想當年因得罪王安石，落得被貶的結局，這次回來應投門拜見才是。於是，便往宰相府來。此時，王安石正在午睡，書僮便將蘇軾迎入東書房等候。

蘇軾閒坐無事，見硯下有一方素箋，原來是王安石兩句未完詩稿，題是詠菊。蘇東坡不由笑道：「想當年我在京為官時，他寫出數千言，也不假思索。三年後，正是江郎才盡，起了兩句頭便續不下去了。」他把這兩句念了一遍，不由叫道：「呀，原來連這兩句詩都是不通的。」——詩是這樣寫的：「西風昨夜過園林，吹落黃花滿地金。」在蘇東坡看來，西風盛行於秋，而菊花在深秋盛開，最能耐久，隨你焦乾枯爛，卻不會落瓣。一念及此，蘇東坡按捺不住，依韻添了兩句：「秋花不比春花落，說與詩人仔細吟。」待寫下後，又想如此搶白宰相，只怕又會惹來麻煩，若把詩稿撕了，不成體統，左思右想，都覺不妥，便將詩稿放回原處，告辭回去了。

第二天，皇上降詔，貶蘇軾為黃州團副使。

如今，「驕傲來自淺薄，狂妄出於無知」的老話已經被很多人遺忘，取而代之的是自誇和炫耀。尤其在競爭激烈的現代社會，人們更是極盡張揚之能事，許多人已經不知謙虛為何物，這是做人的悲哀。

明朝思想家王守仁說：「人生的大病只是一個傲字」。他認為：「謙為眾善之基，傲為眾惡之魁。」何為「傲」意？一驕傲；二傲慢；三仗勢欺人。王守仁認為，「傲」是一個人的最大障礙。人要有自尊心，但自尊心應置於心胸，不可過於表面化，否則即為「傲」。「傲」

者必然引起周圍人的反感而被孤立。

不論你從事何種職業，擔任什麼職務，只有謙虛謹慎，才能保持不斷進取的精神，才能增長更多的知識和才幹。

03 透過正當手段樹立好名聲

人人都喜歡和珍惜美好的名聲。名聲好的人為社會所認同，受到他人的尊重和信任，在人際交往中具有吸引力和感召力，做起事來就容易左右逢源、得心應手。但如何樹立好名聲，怎樣對待好名聲帶來的榮譽、地位，是一個十分複雜的問題；如果處理不好，對人品和人際關係會帶來負面的影響。

正確對待名聲和榮譽問題，首先要樹立正確的榮辱觀。搞清楚什麼是美名，什麼是惡名，什麼榮譽，什麼是恥辱。一個人的名聲，就是社會根據一定的榮辱觀對他的思想言行作出的評價。如果評價是肯定的，積極的，他就會獲得好名聲；如果評價是否定的，消極的，他就會獲得壞名聲。

榮譽感是個人對社會關於美好思想言行評價的認識和感受，和社會利益、社會責任相聯繫。個人的思想行為有益於社會，受到社會的讚譽和褒獎，個人感到榮耀光彩。運動員登上領獎台的時候，英雄人物獲得榮譽稱號和獎勵的時候，都會有這種高尚美好的情感。一個人有這種榮譽感，才會潔身自愛，自尊自強，積極為公眾和社會建功立業。

在現實生活中，名譽、地位和物質利益是相聯繫的。名大則酬豐，位高則祿厚。在商品社會裡，名聲可以直接換取金錢。但是，我們不能完全從物質利益的角度看待名聲、榮譽問題。真正的名聲、榮譽，不可能沒有道德要求，不可能沒有奉獻和責任。

名利之心還會產生另外的惡果，即促使一些人爭名奪利，沽名釣譽，盜名欺世。這樣，人際交往成了名利場，人際關係也沒有和諧團結的氣氛了。

還有一些奸詐的人，偽裝自己，騙取好名聲，來達到自己的政治目的。漢朝時的王莽就曾有「禮賢下士」的好名聲，後來做出了篡權的勾當。袁世凱也曾附和共和，後來成了竊國大盜。

荀子說：「是奸人將以盜名於暗世者險莫大焉。」盜名的奸人最危險，獵取虛名的人不是賢士。凡是沽名釣譽、盜名欺世的人，都只有名利心，沒有公德心和榮譽感。

由名利心驅使而沽名釣譽、盜名欺世的人是少數，由名利心驅使而產生虛榮心的人就比較多了。有虛榮心的人，以博取別人的稱讚為目的，追求表面、虛假的名聲。他們做好事是給別人看的，在大庭廣眾之下是一個樣子，在別人看不到的時候是另外一個樣子。為了獲得別人的稱讚，有時不惜弄虛作假，做表面文章。這樣取得的名聲，並不是他們思想言行的真實評價，也不能反映他的成就和貢獻，無益於他人，也無益於自己。因此，要區別榮譽感與虛榮心。榮譽感不可無，虛榮心不可有。

好名聲要用自己的善行去爭取。群眾的眼睛是雪亮的。自己沒有美德善行，就很難得到榮譽和好的名聲。有的人靠自我誇耀或別人吹捧而獲得讚譽和美名。這種美名是和實際不符的虛名，既無價值，也無法持久；一旦敗露，就會身敗名裂，反而增加恥辱。

榮譽只說明過去，而人生總要面向未來。「虛名自古能為累」美名殊榮即使是符合實際的、當之無愧的，也會成為繼續前進的包袱。如果因獲得榮譽自滿自足，不思進取，就會成為落伍者。

居里夫人有一段話說得很好：「榮譽就像玩具，只能玩玩而已，絕不能永遠守著它，否則就將一事無成。」她這樣說，也這樣做。英國皇家協會獎給她的一枚象徵極高榮譽的金質獎章，真的成了她女兒的玩具。因為她淡泊名利，對榮譽有清醒的認識，才能在科學研究的道路上攀登不止，兩次獲諾貝爾獎。她的女兒女婿也同樣獲此榮譽。

我們還要盡量把名譽看得淡一些。人生在世，總會有人評說。評說有毀有譽，譽是說好，毀是說壞。但不管別人說好說壞，自己要有

冷靜客觀的分析，不能因為別人的毀譽就影響自己認識和情緒。立身處世應該有自信心，有自己的主見和操守，不要聽了讚譽就洋洋自得，聽了批評就垂頭喪氣。

愛因斯坦根據親身的體會說：「這種現象是很常見的——就是一個人的實際情況與別人認為他是怎樣很不相稱的。比如我，每每小聲咕嚕一下，也成了喇叭的獨奏。」愛因斯坦因為名聲蓋世，一言一行都受到別人的重視和讚譽，然而他能保持清醒的頭腦，不為讚譽所迷惑，這是他的偉大之處，很值得我們學習。

04 韜晦之計是聰明人自我保護的策略

一般來說，人性都是喜直厚而惡機巧的。但胸有大志的人，要達到自己的目的，沒有機巧權變，又絕對不行，尤其是當他所處的環境並不盡如人意時，那就更要既弄機巧權變，又不能為人所厭戒，所以就有了藏巧用晦的各種處世應變的方法。

李白有一句耐人尋味的詩：「大賢虎變愚不測，當年頗似尋常人。」說的是，在一些特殊的場合中，人要有猛虎伏林、蛟龍沉潭那樣的伸屈變化之胸懷，讓人難以預測，而自己則可在此期間從容行事。

元末的朱元璋在攻佔了南京後，因為群雄並峙，為了避免因嶄露頭角而成為眾矢之的，他採取了謀臣的建議，以「高築牆，廣積糧，緩稱王」的策略，贏得了各個擊破的時間與力量，在眾人的眼皮底下「暗度陳倉」，最後一併群雄當上了大明皇帝。

對於一般的普通人，也應該有包藏、凝重的胸懷與氣度。有這樣一句名言：「取象於錢，外圓內方。」古錢幣的圓形方孔，大家都是知道的。為人處世，就要像這錢一樣，「邊緣」要圓活，要能隨機而變，但「內心」要守得住，有自己的目的和原則。例如，對周圍的環境、人物，假如有看不慣處，不必稜角太露，過於顯出自己的與眾不同，這樣，才既可以保全氣節，也可以保護自己。

中國舊時的店鋪裡，在店面是不陳列貴重的貨物的，店主總是把它們收藏起來。只有遇到有錢又識貨的人，才告訴他們好東西在裡面。倘若隨便將上等商品擺放在明面上，豈有賊不惦記之理？

不僅是商品，人的才能也是如此。才華出眾而又喜歡自我炫耀的人，必然會招致別人的反感，吃大虧而不自知。所以，無論才能有多高，都要善於隱匿，即表面上看似沒有，實則充滿的境界。這才是高

明的為人處世之道。

韜晦之計在中國有著悠久的歷史。如春秋時楚莊王上台執政，楚國剛敗給晉國，國勢不振，楚莊王也不知有多少人肯給他賣死命，於是來了一個韜晦之計，三年不理國政，還下令：「有敢諫者，死無赦！」他想看一看大臣中有無不怕死的人，有無忠諫直言的人才。

透過伍舉、蘇從等人冒死抗爭，他爭取到了支持改革的力量，透過懲罰和重用各數百人的大舉措，整頓了行政機構，又對百姓減稅，對外作戰獲勝，一舉成為「五霸」之一。

楚莊王不肯過早暴露自己的目的，是為了目的能最終實現，這說明了他深諳韜晦之道。當他成事之後，敢於公開問鼎，因為已無人能改變他的霸主地位，這便再不必行韜晦之策了。

韜晦之策實際是在自己力量尚無法達到自己追求的目標時，為防止別人干擾、阻撓、破壞自己的行動計劃，故意採取的假象策略。

韜晦之策有明確的目的性與功利性，具有極強的主觀意識。又有極強的進取性，雖然在表面上有許多退卻忍讓，卻更顯示人的韌性與忍辱負重的內在力量。韜晦之策又有因極大的隱蔽性，具有極強的實效性，它往往攻其不備而出奇制勝，取得事半功倍的結果。它是聰明人保護和發展自我的一種策略。

05 大事、小事喜怒不形於色

做到喜怒不形於色是一個人閱歷和性格的體現。這其實是做人的一種境界。城府深的人自然不會把喜怒掛在臉上，成功人士或者是社會經歷比較豐富的人都是這樣。許多人往往很難做到這一點。除非在生活中進行長期且有意識的磨煉。

不管你心裡有多大波濤在起伏，你都要盡力不表現出來，都要藏在心裡。這樣做的原因有二：

其一是你心裡的事是你自己的，讓別人來一同承受是不公平的；其二，你都表現出來，人家會覺得你這個人太淺薄，太幼稚，不夠成熟老練。

在生活中，喜怒不形於色的人是能夠成大事的。此種人並非是卑躬屈膝，裝出笑臉，更不是為了奉承上司，強露笑齒，而是始終保持自然的神態，喜怒不形於色。沒有一定的知識和閱歷的人，尤其是年輕人，是很難做到的。

當然，人有時會高興，有時候不免憂愁，但千萬不要被情緒所左右。有高興的事，表現在臉上無妨，但悲哀的事就盡量不要表現出來。因為將一切都表現在表面上，更會促使情緒強烈化，而不能忍受悲哀。如把憤恨表現在臉上，恨也會加倍。因此，成功立業之人，對這方面都盡量不形於色。

為了謹慎起見，為了更好地保護自己，在生活中，不要輕易亮出自己的「底牌」。過早將自己的底牌亮出去，往往會在以後的交戰中失敗。羽翼未豐滿時，更不可四處張揚。要善於保存自己，不可輕舉妄動。

五代時，馮道奉命出使契丹，意外受到禮遇，契丹王還有意留用他。馮道內心不願留在契丹，但又不敢拒絕。於是，他一面上奏契丹王，說：「遼與後晉有父子關係，事子若事父，這樣看來，我現在實際上等於出仕兩朝。」這話意在博得契丹王的好感；另一方面，馮道命令部下購置薪炭，以備寒冬之用，表示他不敢逆旨而就此回國，使契丹王覺得他是難得的「忠義」之士，且有隱衷難言，因而心生憐憫，便允許馮道回國覆命。

這時，馮道卻故作姿態，滯留不走。經契丹王多次催促，他才慢慢地收拾行李。出發後，他沿路停留，以示依依之情，一行人費時一個多月才越過國界。

對此，隨行人員都迷惑不解地問他：「我們歸心似箭，都恨不得插翅飛回，為什麼你卻老是盤桓不走呢？」

他說：「這是我的以退為進之計。我何嘗不希望早點回國呢？可是，不論我們如何趕路，契丹人只要快馬加鞭，一日之內就可追上我們。因此，我佯裝對遼地有不捨之情，避免對方猜透我的心。」

回國後，他又以不念異國之封而毅然歸來的行動，得到後晉皇帝的賞識和信任。馮道處在政權更迭的五代時期，他的八面玲瓏，不露本色，這是他保護自己的高明之處。

06 不在背後講別人壞話

有個投資人打算對一間小公司投資三百萬美元，但當他跟這個公司的總經理聊天的時候，卻意外地發現這個總經理抱怨說手下員工能力很差，公司副總心胸狹窄。這個投資人立刻告訴他說：「我覺得投資你們公司的風險太大了，你找別人融資吧，再見！」

這位投資人認為：在背後說別人壞話是小人所為，不值得信賴，因而放棄了合作的打算。一位哲人指出：永遠不要在背後說別人的壞話，要在背後多說別人的優點。

因為如果一個人喜歡在背後說別人壞話，就說明他平時的心態是消極的，對立的，易怒的。這樣的人一般都自卑，缺乏自信，沒有安全感。需要靠否定別人來自我安慰，他會不斷尋找別人的缺點和失敗，以證明自己比別人強。在面對失敗和挫折的時候，他會傾向於把責任推到別人的頭上。所以，一個在背後說別人壞話的人，必然會常常在別人面前誇自己，以獲得安全感。

可怕的是，這樣的人將來可能會為了自己的利益不擇手段，因為，無論他採取多麼卑鄙的手段，他都認為：「某某某這個人太壞了，讓他倒霉是應該的，我這樣做是替天行道，誰叫他有這麼多缺點，活該！」他認為自己是正義的化身！——別人卻很難這樣認為！

相反，如果一個人能在背後誇獎別人，能坦誠說出自己的缺點，那麼說明這個人充滿愛心和正義感，有很強自省能力，敢於直面現實。這樣的人往往是比較有自信，能力一般都很強。

當一個人希望不斷進步、不斷改進自己的缺點時，他就會觀察周圍人，希望從周圍人那裡學到改進自己的辦法。當有這種心態後，他看到的都是別人的優點。所以，他心裡時刻想著自己的缺點和別人的優點。這種心態反應到語言上，就是不斷說別人的優點，同時敢於說出自己的缺點。即使他看到別人的缺點，他的第一反應也是：「我是不是也有這個缺點呢？如何防止自己犯這樣的錯誤？」

在日常生活的閒聊中，一個人免不了會議論到別人，但議論時千萬不能夾雜私心，尤其是不要說人壞話。否則，效果可能與你所期望的相反，不僅不能議倒別人，反而有損於自己的形象。

人都有同情心。你越是說人家不好，周圍的人就越會對你產生反感。尤其是當被你說的人不在現場時，更是這樣。實際上貶低別人未必真的能夠抬高自己，相反，被貶低的人反而贏得更多的同情。

優秀的人在思考如何戰勝自己。能力低下的人在思考如何搞垮別人。所以，說別人壞話就等於承認自己無能。這個缺點不僅可以讓你失去合作的夥伴，而且能像慢性毒藥一樣，不知不覺、不痛不癢地毀了你一生。因此，一定要努力克服這種壞習慣！

07 不要總是抱怨他人

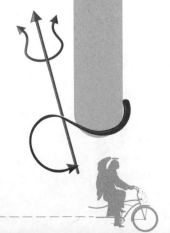

無論在工作中，還是在生活中，總會聽到一些抱怨。甚至，有的人好像從來就沒有順心的事，什麼時候與他在一起，都會聽到他在不停地抱怨，訴說著自己的不滿與煩惱。就像一不小心掉入了抱怨的陷阱而不能自拔，而激烈掙扎。

其實，人生在世，不如意事十之八九。每個人都會遇到不順心的事情，都會遇到煩惱，都會遇到挫折和困難，「萬事如意」不過是人們的美好祝願而已。問題的關鍵在於，我們如何去面對。明智的人會坦然面對，或者一笑了之，或者拋到腦後，或者轉移注意力，去做自己該做的事情。因為他們懂得世間的有些事情總是不可避免的，有些事情是無力改變的。

比如，颱風帶來暴雨，地下室變成了一片沼澤，你天天抱怨天氣又能如何呢？鳥兒拉屎掉在你的頭上，你能去抱怨鳥兒不懂禮貌嗎？我們沒有權利控制風雨和鳥兒，同樣，我們也難以控制他人和社會。既然無法改變，就應該泰然處之，就應該調整好自己的心態。萬萬不可掉進抱怨的陷阱，總是把那些不稱心如意的事情掛在嘴上，這就如同總是把一些垃圾堆在心裡，把一些烏雲布在臉上一樣。抱怨不僅於事無補，而且總是把自己的心情搞得非常糟糕，影響自己的健康和幸福。

有人說：「如果有一個檸檬，我就做一杯檸檬水。」而有些人的做法則常常與此相反。要是發現生活給自己的僅僅是一個檸檬，他就會自暴自棄地說：「我不行了，這就是命運，世界太不公平了，我已經沒有機會了。」等等，這就開始了抱怨，並逐步掉進抱怨的陷阱而苦苦掙扎。

其實，挫折和困難也是具有雙重性的。一方面，它像海浪一樣打擊人們的心靈，使人產生不滿與煩惱；另一方面，它又像雕塑家一樣塑造人們的心靈，使人產生追求和力量。只要我們坦然勇敢地去面對，就一定能夠忍受並戰勝它們。

一位水管工的運氣很糟糕，先是車子爆胎，再是壞了電鑽，最後，他自己的車子也拋錨了……僱主只好開車送他回家。在門口，滿臉晦氣的水管工並沒有馬上進去，而是沉默了一陣子，伸出雙手去撫摸門旁一棵小樹的枝杈。待到打開門時，水管工已經笑逐顏開了。

僱主按捺不住好奇心問：「剛才你在門口的動作有什麼用意嗎？」

水管工爽快地回答：「這是我的『煩惱樹』，我到外面去，磕磕碰碰總是有的。可是，煩惱不能帶進門。我把它們掛在樹上，明天出門再拿走。奇怪的是，第二天我到樹前去，『煩惱』大半都不見了。」

一位哲人指出，我們大多數人所缺的並不是煩惱，而是這棵「煩惱樹」，讓我們也盡快地栽上一棵吧！

掉進抱怨陷阱的一個重要原因是我們總喜歡去盯著別人，攀比別人，羨慕別人，而對於自己擁有的東西卻並不在意，不知道珍惜。父母總抱怨子女不夠聽話，子女總抱怨父母無法理解他們；男朋友抱怨女朋友不夠溫柔，女朋友抱怨男朋友不夠體貼。然而，他們為什麼不想一想，擁有健全的父母、健康的兒女、親密的朋友是一件多麼幸福的事情啊！

一位著名的作家說過這樣一句名言：「一個女孩因為自己沒有鞋子而哭泣，直到她看見一個沒有腳的人。」人，不應該總盯著想要得到的東西，而應該學會享受擁有的東西。倘若做到了這一點，就可以多一些寬容，多一些快樂，少一些抱怨。能夠享受人生的人，不在於擁有財富的多少和地位的高低，也不在於成功和失敗，而在於會數數，「不要計算已經失去的東西，多數數現在還剩下的東西！」這種態度才是一種享受人生應有的智慧。

當然，每個人一定會有許許多多的不滿足，如擁有的財富、掌握的權力、享受的物質、獲得的幸福等等。不滿足應該是好事，如果它能夠成為你進取的動力，並且你能夠正確地理解和把握。但是，千萬不要因為盲目羨慕別人、盲目追求物慾而掉進抱怨的陷阱。

不要抱怨生活。我們知道，人天生都有一種本性，叫做「貪婪」。即使在別人眼裡，你是最好的，但是你自己還會經常的抱怨自己的生活不盡如人意。

生活就像自然界，有陰晴、有金秋、有冬雪，就看你如何對待它了。樂觀地對待生活，你就會感到非常地快樂；悲觀地對待生活，你就會過得特別地煩惱。馬克·吐溫晚年時感歎道：「我的一生有太多時候在憂慮一些從未發生過的事，沒有任何行為比無中生有的憂愁更愚蠢了」。

在自然界的生活當中，根本就沒有什麼是一成不變的。如果你不能很快地適應生活，不能在較短的時間內調整好自己的心態，你將可能永遠都逃避不了煩惱。

你一定要相信：一切都會變好的，我們的生活是美好的，我們要樂觀地對待生活，充滿自信地挑戰生活，只有這樣，勝利的大門才會永遠為你敞開。

我們每個人在成長的道路上，都避免不了要走一些不應該走的彎路，犯一些明明知道是錯誤還堅持去做的事情，也會遇到許許多多的挫折和磨難。抱怨是每個人見得最多，聽得最多，也是犯得最多的一種消極生活方式。

從人來到世上的那一刻起，就已經注定你將要面臨的是那坎坷崎嶇的道路。因為，生命本該經歷這麼多的風雨。我們在許多方面，根本就控制不了自己的生活，但是我們可以跟生活進行爭鬥。如果你讓自己的命運掌握在別人的手中，一味強調客觀，自己還剩下什麼呢？

我們應當扼住生命的咽喉，不屈於命運，努力奮鬥！因為只有這樣，才能掌握住自己的命運，生命才能綻放其特有的光華。或許你出身貧寒，或許你微不足道，但是千萬不要忘記了你擁有和生命作鬥爭

的體魄和本領。

有這樣一個小故事：

有個人每天平均都會花費三個小時來抱怨。他每天打電話、寫信或談話，跟人述說這個世界有問題之處。十年過去了，這人不曾改變世界一點。由於他一直保持抱怨的生活態度，最後使這個人變得更加難過了。

心理學家指出，抱怨是一種特別容易受感染的習慣，其是同一辦公室或地區工作的人。當你周圍的人都是這種充滿抱怨的人時，你很有可能會在悄然間變成了一個抱怨的人。

真正的成功人士，當他們在面對種種障礙的時候，所能表現出來的情緒和行為與普通人所表現出來的是有很大差別的。一個成功的人士在面對別人的錯誤時，不是抱怨，而是教導和查找錯誤的原因，並且還能夠以此找出正確的方法進行彌補錯誤。

當面對艱難險阻的時候，不是抱怨，而是竭盡全力地去征服；在

面對諸多不公平的時候，不是抱怨，而是設法避免這種不公平在自己身上發生；當面對別人的誤解時，不是抱怨，而是加強溝通；當面對別人異樣的眼光時，不是抱怨，而是努力讓他人對自己投來刮目相看的眼光；當面對自己的情感受到傷害時，他們做出的動作不是抱怨，而是付出更多的愛心，去融化對方……

成功者之所以能做到這些，主要是因為，他們知道所有的抱怨和牢騷都是徒勞，除了能夠讓別人知道你在表示不滿之外，對於解決出現的問題和實現自己的目標，都是毫無益處的，甚至很有可能會給自己帶來讓你承受不了的更加糟糕的結果。就好像聖母峰不會因為登山者抱怨它的陡峭而發生絲毫的變化，麻煩也不會因為你的抱怨而自動消失。

「心靈是它自己的殿堂，它可以是天堂中的地獄，也可以是地獄中的天堂。」假設我們心中都是抱怨，那它不會傷害到別人，只能傷害到你自己，甚至可能還會毀掉你所有的一切，使你在芸芸眾生中迷失自我。

因此，對於每一位想在事業上獲得成功、在家庭方面獲得幸福的人來說，最重要的是從現在就開始，必須徹底地拋掉抱怨，才有可能把我們心靈的殿堂變成天堂！

08 表現真誠時不能傷害別人

有這樣一個故事：

有一個愛說老實話的人，什麼事情他都照實說，所以，不管到哪裡，他總是被人趕走。這樣，他變得無處棲身。最後，他來到一座修道院，指望著能被收容。修道院長見過他問明了原因以後，自覺「熱愛真理，並且尊重那些說實話的人」，於是，把他留在修道院裡安頓下來。

修道院裡有幾頭已經用不著的牲口，修道院長想把牠們賣掉，可是他不敢派其他人到集市去，怕他們把賣牲口的錢私藏了。於是，他就叫這個誠實人把兩頭驢和一頭騾子牽到集市上去賣。

誠實人在買主面前只講實話說：「尾巴斷了的這頭驢很懶，喜歡躺在稀泥裡。有一次，長工們想把牠從泥裡拉起來，一用勁，拉斷了尾巴；這頭禿驢特別倔強，一步路也不想走，他們就抽牠，因為抽得太多下，毛都禿了；這頭騾子呢，是又老又瘸。如果幹得了活兒，修道院長幹嘛要把牠們賣掉啊？」結果，買主們聽完這些話就走了。

這些話在集市上一傳開，誰也不來買這些牲口了。於是，誠實人到晚上又把牠們趕回了修道院。

聽完誠實的人講述完集市上發生的事，修道院長發著火對他說：「朋友，那些把你趕走的人是對的。不應該留你這樣的人！我雖然喜歡實話，可是，我卻不喜歡那些跟我的荷包作對的實話！所以，老兄，你走吧。」

就這樣，誠實人又從修道院裡被趕走了。

其實，故事中「誠實人」的遭遇並不是偶然的，現實生活中也不乏之類似的例子。

舞蹈家鄧肯是十九世紀最富傳奇色彩的女性，熱情浪漫外加叛逆的個性，使她成為反對傳統婚姻和傳統舞蹈的前衛人物。她小時候更是純真，常坦率得令人發窘。

聖誕節，學校舉行慶祝大會，老師一邊分糖果、蛋糕，一邊說著：「看啊，小朋友們，聖誕老公公替你們帶來什麼禮物？」

鄧肯馬上站起來，嚴肅地說：「世界上根本沒有聖誕老公公。」

老師說：「相信聖誕老公公的乖女孩才能得到糖果。」

「我才不稀罕糖果。」鄧肯回答。

老師生氣了，處罰鄧肯坐到前面的地板上。

聰明人知道，人無論處在何種地位，也無論是在哪種情況下，都喜歡聽好話，喜歡受到別人的讚揚。的確，做工作很辛苦，能力雖然有大有小，畢竟是盡了自己的一份力量，當然希望自己的努力得到他人和社會的承認，這也是人之常情。

會為人處世的人，此時必然避其鋒芒，即使覺得他幹得不好，也不會直言相對。生性油滑、善於見風使舵的人，則會阿諛奉承，拍拍馬屁。那些忠直的人，此時也許要實話實說，這就讓人覺得你太過莽直，鋒芒畢露了。

有鋒芒也有魄力，在特定的場合顯示一下自己的鋒芒，是很有必要的，但是如果太過，不僅會刺傷別人，也會損傷自己。

怎樣理解「真話有時並不會被肯定」的現象呢？

換一個角度我們便會看到，個體行為的一個基本規律是趨利而避害。可以設想，如果某甲對人總是以誠相待，直言不諱，人們因此認定他是一個值得信賴的好人，所以樂於與他深交，並在人前人後誇讚他，某甲也因此感到快樂和自豪。也就是說，某甲的真誠為他贏得了報償，帶來了利處，那麼他又何樂而不為呢？

如果情況與此大相逕庭，比如某甲認為同事小敏的衣服難看，便馬上對她說：「腿短而粗的人不適合穿這種裙子。」或者某甲當著處長的面指點小張說：「你的稿子裡錯別字很多，以後要仔細些。」倘若如此，某甲恐怕會意識到自己的真誠並不那麼受人歡迎，既然這樣，又何苦呢？

那麼，怎麼做才會既表達出我們的真實感受，又不傷害別人呢？

聰明人的思路是：

1、順情說好話

俗話說：「順情說好話，耿直討人嫌。」著名的相聲演員曾說過一段相聲，強調「生活中有時需要謊話」，博得了觀眾的認可。

其實，現實生活中經常見到「說謊」的人，大人物也不例外，比如：從內心反感開會的人常說：「非常高興有機會參加這次會議……」；對相貌平平者說：「妳很漂亮！」；在忙得不可開交的時候，接到話不投機朋友的電話，偏偏他講了五分鐘還沒有放下話筒的意思，於是只好來這一招：「對不起，我馬上要開會了！」明示對方結束話題……儘管是言不由衷，但於人於己都無害，別人也容易接受。

2、盡量以幽默的言語表達

一次，著名的德國作曲家翰內斯·勃拉姆斯參加一個晚會。沒想到，晚會上他遭到一群厚臉皮的女人的包圍，他邊禮貌地應付，邊想解脫的辦法，忽然他心生一計，點燃了一支粗大的雪茄。

沒多久，他與那群女人便被一團團淡紫色的煙霧包圍了。很快，有幾個女人忍不住咳嗽起來，勃拉姆斯照樣泰然地抽他的雪茄。

終於有人忍不住了，對勃拉姆斯說：「先生，你不該在女人面前抽菸啊！」

「不，我想，有天使的地方不該沒有祥雲！」勃拉姆斯微笑著回答。勃拉姆斯用幽默的語言，使自己從無奈的糾纏中解脫了出來。

3、要掌握一定原則

講謊話一定要注意原則，切不可從私利出發，顛倒黑白、混淆是非，否則只能遭受別人的唾棄。

我們要掌握住一點，真誠的核心和靈魂是利他，也就是與人為善。如果對別人來說，「謊話」更適宜和容易接受，又不會傷害任何人的利益，我們不妨放棄對「完全誠實」的固執。

但在任何時候，都絕不能為了個人利益而放棄誠實。那些經常為

私利表現不誠實的人是不會獲得成功的。一個人對其他人表現出完全的不誠實時，他至少在錢財方面是有可能獲得成功的。但是，如果一個人想要就他一生中所處的地位、達到目的的前景以及他的不足之處等問題欺騙人們並且一直欺騙下去是絕對不可能的。

在生活中要做一個真誠的人不容易，因為它來不得半點虛假和功利，需要實實在在地付出、奉獻。真誠待人，克己為人的人，也許偶爾會被欺詐，但他們才會真正時時受人歡迎。

09 樂於為競爭對手的成功叫好

我們常說，人生如戰場，但人生到底還不是戰場。戰場上敵對雙方不是你死就是我亡，而人生賽場不一定如此，為什麼非得爭個魚死網破、兩敗俱傷呢？

在日常生活中，人們常常視對手為「敵人」，並提醒自己：他是我的競爭對手，也就是我的敵人！只要他成功了，我就會被打敗。因此，千萬要提高警惕，不要對他有半點好心。事實並不完全是這樣的，在人生交往中，什麼人都得有所接觸，對手又怎麼了！對手也一樣能和你坦誠相處，真心地交流。只要你能放下那種狹隘的看法，用一種欣賞的眼光去看待他，你就會發現，對方其實並非想像中的那樣，他有許多東西值得你去學習和借鑒。

我們在做事的過程中處處有競爭，那麼對競爭中的對手你該怎樣看待他們呢？對於你的對手，切不可嘲笑、貶低，更不可詛咒。因為所有的敵人都可能是你的對手，但對手不一定就是你的敵人。他們有可能是你的動力、朋友乃至知音。

為自己叫好容易，為別人叫好困難，為對手叫好更困難。當我們看到自己取得成功的時候總是興奮不已，希望有人為自己鼓掌。可是當身邊人，包括你的「假想敵」、你的對手取得成功的時候，你該怎樣去面對呢？是嫉妒，還是欣賞？是大聲叫好，還是不屑一顧？尤其是你平日與他相處得很緊張、很不快樂的人成功了，這時候，你為他鼓掌，會化解對方對你的不滿和成見，改變他對你的態度。他會覺得你慷慨地付出自己的真誠，從此，他也會給予你支持。對他人多鼓掌，這種付出是不需要花你多少錢的，但它給你帶來利益卻很大。

一九九一年十一月三日夜，美國大選揭曉。當選總統克林頓在競選總部前他的支持者們的聚會上發表即席演說。他先是言辭懇切地感謝昨天還在互相唇槍舌劍、猛烈攻擊的主要政敵現任總統布希，感謝布希從一名戰士到一位總統期間為美國做出的出色服務，並呼籲布希和另一位對手佩羅及其支持者與他團結合作，在他未來四年，在全面振興美國的大變革中繼續忠誠地服務於祖國。

而遠在異地的布希，則打電話祝賀克林頓成功地完成了一次「強有力的競選」，他還調侃地告誡克林頓：「白宮是個累人的地方。」並保證他本人和白宮各級人士，將全力以赴地與克林頓的團隊合作，順利完成交接工作。

這種客氣，在某種意義上就是一種付出，精神的付出。競選的成功與失敗，對於布希和克林頓這兩個對手來說，歡樂與悲哀都是不言而喻的。但在現實面前，兩個對手保持了高度的理智，為雙方的成績表現了超然的風度。

一位西方的成功人士指出：為競爭對手叫好，並不代表自己就是弱者。為對手叫好，非但不會損傷自尊心，相反還會收穫友誼與合作。為對手叫好是一種美德，你付出了讚美，得到的是感激。為對手叫好是一種智慧，因為你在欣賞他們的同時，也在不斷提升和完善自我；為對手叫好是一種修養，為對手讚美的過程，也是自己矯正自私與妒忌心理，進而培養大家風範的過程。

為朋友付出容易，為別人付出困難，為對手付出更困難。付出既有物質上的，也有精神上的。當別人有困難的時候，你的一句鼓勵就是給予，當別人成功的時候，你的幾聲掌聲就是禮物。一些人對同行和競爭對手，多採取的是陰險的手段，打擊報復，而不知道如何化敵為友。想把對手變成朋友，就要捨得為他「付出」，對方陷入困境的時候，你要保持冷靜，不能見機踹他一腳；當你成功的時候，不要在對方面前趾高氣揚，克制自己不流露出得意。做到這些就是「付出」，聰明的「付出」。

10 要尊重自己，不必趨炎附勢

電影明星洛依德正當紅的時候發生過這樣一個故事。

一天，他將車開到檢修站，接待他的是一位年輕女工。這位女工手腳俐落，一直認真仔細地檢修車輛，連頭都沒有抬一下。

洛依德覺得納悶了，整個巴黎全知道他，但這位女子卻絲毫不表示驚異和興奮。「妳喜歡看電影嗎？」他禁不住問道。

「當然喜歡，我是個電影迷。」她很快修好了車：「您可以開走了，先生。」

他卻依依不捨：「小姐，妳可以陪我去兜兜風嗎？」

「不，我還有工作。」

「這同樣也是妳的工作，妳修的車，最好親自檢查一下。」

「好吧，是您開還是我開？」

「當然我開，是我邀請妳的嘛。」

車行駛得很好。女工問道：「看來沒有什麼問題，請讓我下車好嗎？」

「妳不想再陪一陪我了？我再問妳一遍，妳喜歡看電影嗎？」

「我回答過了，喜歡，而且是個電影迷。」

「妳不認識我？」

「怎麼不認識，您一來我就認出您是影帝阿列克斯．洛依德。」

「既然如此，妳為何這樣冷淡？」

「您錯了，我沒有冷淡，只是不像別的女孩子那樣狂熱。您有您的成就，我有我的工作。您來修車是我的顧客，就算您不再是明星了，來修車，我也會一樣地接待您。人與人之間不應該是這樣嗎？」

他沉默了。在這個女工面前他感到自己的淺薄與虛妄。

「小姐，謝謝！妳使我想到應該認真反省一下自己的價值，現在讓我送妳回去。」

「大人物之所以高大，是因為你自己在跪著。」一個人能否受到別人的尊敬，並不是由於他所處的地位和工作所決定的。這位女工之所以能贏得對方的尊重，那是因為她重視自己的工作與價值。

在這個世界裡，人與人之間要融洽地相處，我們便要先學會尊重別人。要尊重別人，先決條件就是要尊重自己。一個連自己都不尊重的人，又豈能尊重別人呢？又怎麼能指望別人尊重你呢？

鄧通是一個划船戲水的人，沒有治國安邦的本事，只靠向漢文帝獻媚來往上爬。其獻媚取寵的手段令人噁心。一天，文帝背上長的癰瘡化膿；鄧通用嘴吮吸膿液，深得文帝的歡心。鄧通因此官至上大夫，還獲得蜀地一座銅山的賞賜和自鑄銅錢的特權。真可謂身居高位，富甲天下。文帝死後，景帝即位，情況馬上發生變化。鄧通被罷官還鄉，接著又被抄家查處，最後身無分文，在貧困中死在別人家裡。鄧通的結局說明，趨炎附勢之禍甚快且烈。

趨炎附勢者往往是始以勢利害人，終以勢利自斃。人際交往要講自尊自重，平等待人。和地位高的人交往，不要巴結逢迎，而要不卑不亢，落落大方；和地位低的人交往，不要輕傲怠慢，而要平和謙虛，一視同仁。如果以勢利眼光處理人際關係，就會玷污自己的品行，在別人眼中成為勢利小人，這樣，當然不能贏得別人應有的尊重。

維護自尊是人的本能和天性，我們要活在自己的尊重裡，而不要空等別人的尊重。尊重自己，就要尊重自己的生命與價值，而不要虛度一生，毫無意義。

也許某些現代人認為會「趨炎附勢」的人才算圓滑，才算精明，才能爭取更大的利益，但是，真正尊重自己人格的人，才稱得上一個真正的人，才能真正實現人生的自我價值。

自尊是一個對自我的價值的評量。它通常來自於日常生活中對自己的看法。我們可能在某些事情上覺得自己很笨或很聰明；在某些行為上會覺得自己很拙劣或是很卓越；我們也可能很討厭自己或很喜歡自己。類似這些常在我們日常生活中出現的自我印象和經驗，日積月累就成為我們對自己的評價，也就是自尊。

一個人若不擁有令自己滿意的自我評價，他的能力必不能充分的發揮。而一個滿意自己的人，通常也對人生抱持著正面且積極的態度，也能信心十足的接受任何挑戰，並勇於面對自己。

11 不為別人的批評而煩惱

在生活中，我們偶爾會在不經意間成為各種各樣的「受害者」。即使被別人說了無聊的閒話，被人當作笑柄，被人騙了，或者被某一個我們最親密的朋友給出賣了——也千萬不要縱容自己只顧自憐，應該時刻提醒自己，雖然我們不能阻止別人不對自己做任何不公正的批評，但卻可以做一件更重要的事，就是可以決定是否要讓自己受到那些不公正批評的干擾。

馬修布拉在華爾街美國國際公司擔任總裁的時候，有人問他，是否對別人的批評很敏感？他回答說：「是的，我早年對這種事情非常地敏感。我當時急於要使公司裡的每一個人都認為我非常完美。要是他們不這樣想的話，就會使我憂慮。只要一個人對我有一些怨言，我就會想法子去取悅他。可是我所做的討好他的事，總會讓另外一個人生氣。然後，等我想要補足這個人的時候，又會惹惱了其他的人。最後我發現，我愈想去討好別人，以避免別人對我的批評，就愈會使我的敵人增加。所以，最後我對自己說：只要你超群出眾，就一定會受到批評，所以還是趁早習慣的好。這一點對我大有幫助。從此以後，我就決定只盡自己最大的能力去做，而把我那把破傘收起來，讓批評的雨水從我身上流下去，而不是滴在我的脖子裡。」

林肯要不是學會對那些謾罵置之不理，恐怕他早就受不住內戰的壓力而崩潰了。他寫下的如何處理對待批評的方法，已經成為了文學上的經典之作。

第二次世界大戰期間，麥克阿瑟將軍曾經把它抄下來，掛在總部的寫字檯後面。而丘吉爾也把這段話鑲在框子裡，掛在書房的牆上。這段話是這樣的：「如果我只是試著要去聽——更不用說去回答所有對我的攻擊，這間店不如關了門，去做別的生意。我盡我所知的最好辦法去做——也盡我所能去做，而我打算一直這樣把事情做完。如果結果證明我是對的，那麼人家怎麼說我，就無關緊要了；如果結果證明我是錯的，那麼即使花十倍的力氣來說我是對的，也沒有什麼用。」

所以，每一個想要獲得成功和幸福的人，都不要為別人的批評而煩惱。太在意別人批評的人，都會局限於狹窄的範圍內，而讓自己失去了更廣闊的天地。如果你立志要有一番作為、要成功，那麼，一定要學會這樣的處世原則：不要為別人的批評而煩惱。

12 保守自己的祕密，不隨便說話

俗話說：一言可以興邦，一言可以亂邦。所以老於世故的人，對人總是唯唯諾諾，可以不開口的，就盡可能做到三緘其口。雖然我們不主張都成為這樣「老於世故」的人，但是，我們建議在平時的為人處世中，說話要小心些。

在現實中，正人君子有之，奸佞小人有之；既有坦途，也有暗礁。在複雜的環境下，不注意說話的內容、分寸、方式和對象，往往容易招惹是非，授人以柄，甚至禍從口出。人只有安身立命，適應環境，才能改造環境，順利地走上成功之道。因此，說話小心些，為人謹慎些，使自己置身於進可攻、退可守的有利位置，對於牢牢地掌握人生的主動權，無疑是有益的。況且，一個毫無城府、喋喋不休的人，會顯得淺薄俗氣、缺乏涵養而不受歡迎。

西方有句諺語說得好：上帝之所以給人一個嘴巴，兩隻耳朵，就是要人多聽少說。隨便說話的害處是非常多的。比如某君有不可告人的隱私，你說話時偏偏在無意中說到他的隱私，言者無心，聽者有意，他會認為你是有意跟他過不去，從此對你恨之入骨；他做的事，別有用心，極力掩飾不使人知，如果被你知道了，必然對你非常不利。如果你與對方非常熟悉，絕對不能向他表明你絕不洩密，那將會自找麻煩。唯一可行的辦法，只有假裝不知，若無其事；對方獲得了成功，是由於採納了你的計策，而他又是你的上司，那麼他必然會怕好名聲被你搶去，內心惴惴不安。你知道這個情況後，就應該到處宣揚，逢人便說，極力表示這是上司的計謀，是上司的遠見，不要透露你曾經出了什麼力量。

你有得意的事，就該與得意的人談；你有失意的事，應該和失意的人談。說話時一定要掌握好時機和火候，不然的話，一定會碰一鼻子灰，不但目的達不到，而遭冷遇、受申斥也是意料中的事。有些奸佞小人，會巧妙地利用了別人在說話時機、場合上的失誤，拿他人當槍使，以達到損人利己的目的。

有句老話叫做「禍從口出」，為人處世一定要把好口風，什麼話能說，什麼話不能說，什麼話可信，什麼話不可信，都要在腦子裡多繞幾個彎子，做到心裡有數，嘴上有「門」。

每個人都有自己的祕密，都有一些壓在心裡不願為人知的事情。同事之間，哪怕感情不錯，也不要隨便把你的祕密告訴對方，這是一個不容忽視的問題。你的祕密可能是私事、也可能與公司的事有關。如果你無意之中說給了同事。也許很快，這些祕密就不再是祕密了。它會成為公司上下人人皆知的故事。這樣，對你極為不利，至少會讓同事多多少少對你產生一點「疑問」，而對你的形象造成傷害。

還有，你的祕密一旦告訴的是一個別有用心的人。他雖然不可能

在公司進行傳播，但在關鍵時刻，他會拿出你的祕密作為武器回擊你，使你在競爭中失敗。因為一般說來，個人的祕密大多是一些不甚體面、不甚光彩甚至是有很大污點的事情。這個把柄若讓人抓住，你的競爭力就會大大地削弱了。

小李是一間唱片公司的業務員，他因工作認真、勤於思考、業績良好被公司確定為中層後備幹部候選人。只因他無意間透露了一個屬於自己的祕密而被競爭對手擊敗，而不能被重用。

小李和同事小張私交甚好，常在一起喝酒聊天。某個週末，他準備了一些酒菜，約了小張在宿舍裡共飲。倆人酒越喝越多，話也越說越多。已經微醺的小李對小張說了一件他對任何人都沒有說過的事。

「我高中畢業後沒考上大學，有一段時間沒事做，心情很不好。有一次我和幾個哥兒們喝了些酒，回家時看見路邊停著一輛摩托車。一看四下無人，一個朋友撬開鎖，由我把車給騎走了。後來，那朋友被逮住送到了派出所，供出了我。結果我就被判了刑。刑滿後我四處找工作，處處沒人要。沒辦法，經朋友介紹我才來到這裡。不管怎麼說，現在我很珍惜，也想在公司好好工作。」

小李在公司三年後，上司根據他的表現和業績，把他和小張確定為業務部副經理候選人。總經理找他談話時，他表示一定加倍努力，不辜負上級的厚望。誰知道，沒過兩天，公司人事部突然宣佈小張為業務部副經理，小李調出業務部另行安排工作崗位。

事後，小李才從人事部瞭解到是小張從中搞的鬼。原來，在候選人名單確定後，小張便到總經理辦公室向總經理說了小李曾被判刑坐牢的事。不難想像，一個曾經犯過法的人，老闆怎麼會重用呢？儘管他現在表現得不錯，但那個污點是怎麼也無法擦洗乾淨的。

知道真相後，小李又氣又恨又無奈，只得接受調遣，去了其他不怎麼重要的部門上班。

既然祕密是自己的，無論如何也不能對同事講。你不講，保住屬於自己的隱私，沒有什麼壞處；如果你講給了別人，情況就不一樣了，說不定什麼時候別人會以此為把柄攻擊你，使你有口難言。

有的人口齒伶俐，在交際場上口若懸河、滔滔不絕，這固然是不少人所嚮往的。但是，假若口無遮攔，說錯了話，說漏了嘴，也是很難補救的，故說話應講究「忌口」。否則，若因言行不慎而讓別人下不了台，或把事情搞糟，是不禮貌的，也是不明智的。

具體地說，在與人交往和交談時，必須注意避免以下錯誤：

1、當眾揭對方的隱私和錯處

有人喜歡當眾談及對方隱私、錯處。心理學研究顯示，誰都不願把自己的錯處或隱私在公眾面前「曝光」，一旦被人曝光，就會感到難堪而惱怒。因此在往來中，如果不是為了某種特殊需要，一般應盡量避免接觸這些敏感區，免使對方當眾出醜。必要時可採用委婉的話暗示你已知道他的錯處或隱私，讓他感到有壓力而不得不改正。

知趣的、會權衡的人只需「點到即止」，一般是會顧全自己的臉面而悄悄收場的。當面揭短，讓對方出了醜，說不定會惱羞成怒，或者乾脆耍賴，出現很難堪的局面。至於一些純屬隱私、非原則性的錯處，最好的辦法是裝聾作啞，千萬別去追究。

2、故意渲染和張揚對方的失誤

在交際場上，人們常會碰到這類情況，講了一句外行話，念錯了一個字，搞錯了一個人的名字，被人搶白了兩句等等。這種情況，對方本已十分尷尬，生怕更多的人知道。你如果作為知情者，一般說來，只要這種失誤無關大局，就不必大加張揚，故意搞得人人皆知，更不要抱著幸災樂禍的態度，以為「這下可抓住你的笑柄啦」，來個小題大做，拿人家的失誤來做取笑的笑料。因為這樣做不僅對事情的成功無益，而且由於傷害了對方的自尊心，你將結下怨敵。

同時，也有損於你自己的社交形象，人們會認為你是個刻薄饒舌的人，會對你反感、有戒心，因而敬而遠之，所以渲染他人的失誤，實在是一件損人而又不利己的事。

3、不給人留點餘地

在社交中，有時遇到一些競爭性的文體活動，比如下棋、乒乓球賽等。儘管只是一些娛樂性活動，但人的競爭心理總是希望成為勝利者。一些「棋迷」、「球迷」就更是如此。有經驗的社交者，在自己取勝把握比較大的情況下，往往並不會把對方搞得太慘，而是適當的給對方留點面子，讓他也勝一兩局。尤其在對方是老人、長輩的情況下，你若窮追不捨，讓他狼狽不堪，有時還可能引起意想不到的後果，讓你無法收拾。

其實，只要不是正式比賽，作為交流感情、增進友誼的文體活動，又何必釀成不愉快的局面呢？在其他的事情上也一樣，團體活動中，你固然多才多藝，但也要給別人一點表現自己的機會；你即使足智多謀，也不妨再徵求一下別人的意見。

4、說話不看時機

有的人說話時旁若無人、滔滔不絕不看別人臉色，不看時機場合，只管滿足自己的表現欲，這是修養差的表現。說話應注意對方的反應，不斷調整自己的情緒和講話內容，使談話更有意思，更為融洽。

13 只有小人才怕暴露真實的感情

月有陰晴圓缺，人有七情六慾，這些都是自然屬性與規律，普通百姓如是，巨擘偉人也如是。因此，魯迅先生說：「無情未必真豪傑，憐子如何不丈夫。」

作為生活在大千社會中的正常的人，每天面對著社會上的各種利益的取捨與選擇，有所思維，有所反應，有所行動，是再正常不過的人的行為。請問，凡正常的人，有哪個沒有七情六慾，又有哪個沒有兒女情長，又哪個能不食人間煙火呢？人是有感情的動物，人有價值自我實現的崇高的理想，同時又有著需要真情、渴望愛意的心理需求，這都是再正常不過的人生需要與追求，是人的本能與本性使然。因此，不需要刻意地遮遮掩掩，不需要躲躲藏藏，更不需要閃爍其詞。不承認這一點，就是虛偽與做作，是違背人性的裝模作樣，是令人生厭的作勢裝腔。

著名作家哲斯特頓說過：「最無聊的畏懼是怕傷感多情。」我們因為怕人批評自己脆弱，就用一副老於世故的外表來掩飾我們的感情。心裡想說的是「感激萬分」，口頭上卻只是輕輕一聲「謝謝」；心中的感想是難捨難分，但是表現出來的只是揮手「再見」。

許多人以為冷淡和不顯露感情為成熟的標誌。實際上，壓抑著情懷，就像是生活在一個沒有花，沒有音樂，或是沒有爐火溫暖的世界中。因為我們有感情，所以向朋友和鄰居伸出友誼的手，擴大我們認識和友誼的圈子；因為有感情，才能成功地建立婚姻和家庭。

只有小人才怕暴露真實的感情。而有所作為的人對內心的溫情卻不會極力去掩飾。

詩人愛默生的嬌妻去世，他每天到她墳上去憑弔，兩年如一日。

他是一代文壇偉人，可是聽他講演的人都有親切無拘之感。一個村婦在聽他講演之後說：「我們都是思想簡單的人，可是我們聽得懂愛默生先生的話，因為他直接對我們的心說話。」

中國著名電影表演藝術家孫道臨在銀幕上展示的儒雅的風采、在舞台上聲情並茂的朗誦給很多人留下了深刻的印象。熟悉他的人說，他是一動輒流淚的男人。

著名作家肖復興的一篇追憶與孫道臨交往的隨筆提到了他的淚水：一九九〇年的初春，道臨老師偶然讀到肖復興發表於《文匯月刊》的長篇散文《繼母》，禁不住眼眶濕潤了。他被文中「繼母」平凡而瑣碎的一生深深打動，於是萌生了要把它搬上銀幕的想法。是年夏天，道臨老師約了肖復興在北京下榻的招待所見面。交談之中，肖復興驚訝地發現：「淚花從他（道臨老師）那依然迴然的眼睛中滾出，滑落在皺紋縱橫的臉上」，肖復興禁不住心頭一震，「因為我從來沒有見過七十歲的眼睛居然沒有渾濁，還是那樣清澈，清澈得淚花都如露珠

一樣澄清透明」。

從年輕時起，孫道臨就是多愁善感的，據他自己說「當時看到巴金的《我的心》，是邊看邊流淚，蒙著被子大哭一場」，進而開始走上了反抗家庭，走上革命道路的……然而，星移斗換，整整大半個世紀過去了，道臨老師還是活得那麼至真至純，他的淚水還是那麼豐盈。

就連他在自己一篇題為《惶悚》的散文中，也不得不承認：「讀一篇至情流露的文章，我流淚；作一次至情流露的談話，我流淚；想到一些人曾多麼無私地貢獻出他對人間的愛，我流淚。……唉，真是比十八歲時的我更加容易激動，更加『年輕』了。」

照理說，這樣的男人會讓人感覺他欠缺男子漢氣概，然而，正是他的淚水讓人感受到一位藝術家真實的內心世界，有情有義，有血有淚。

大人物都不怕真情流露，我們為什麼要怕？之所以怕，是因為我們從小就局限在生活的框框裡長大。我們說：在事業上不宜動感情；

科學沒有感情；甚至對自己也不可溫柔多情。我們一定要把自身中最溫暖最好的一部分壓住藏起，這做法實在是太沒有價值了。

我們怎樣才能使感情蓬勃？怎樣才能恢復似已消失的深情？下次你再要抑制溫暖和藹的情緒時，應該反躬自問：我為什麼要壓制真情？我怕的是什麼？這樣做，是出於真誠，是故作老於世故，還是怕人誤會？當然，過分的流露感情並不可取，但更重要的是排除猜忌懷疑，不故作老辣，應對生活中親切感人之事有所反應。

14 生活中不過分追求公平

在我們的生活與工作中，經常可以聽到有人如此發洩：「這簡直太不公平！」──這是一種比較常見、但又十分消極的抱怨。當你感到某件事不太公平時，必然會把自己同另一個人或另一群人進行比較。你可能會想：「既然他們能做，我也能做。」「你比我得到的多，這就不公平。」「我沒有那樣做，你為什麼可以那樣做？」等等。

渴求公正的心理可能會體現在你與他人的關係中，妨礙你與他人的積極往來。不難看出，你是在根據別人的行為來衡量自己的得失。如果這樣，支配你情感的就是別人，而不是你自己了。如果你未能做別人所做的事情，並因此而煩惱，你就在讓別人擺佈你自己。每當你把自己同別人進行比較時，你就是在玩「不公平」的遊戲，這樣你採取的就是著眼於他人的外界控制型思維方法。

人們都渴求公道，但一旦他沒有得到公道時，就會表現出一種不愉快。講求正義、尋求公道，這本身並不是一種誤區性的行為。但如果你一味追求正義和公道，未能如願便消極處世，這就構成了一個錯誤觀念——一種自我挫敗性行為。

我們的社會提倡伸張正義、主持公道。政治家們在每一篇競選演講中都會慷慨陳詞：「讓每一個人都得到平等與公正的待遇。」然而，日復一日、年復一年、一個世紀又一個世紀，我們也無法消除世界上的不公正的現象。貧困、戰爭、瘟疫、犯罪、賣淫、吸毒和謀殺等各種社會弊病一代代地延續著，有些地區甚至還愈演愈烈。事實上，自人類有史以來，這些現象從未消失過。

不公道現象的存在是必然的，當你無法改變這個現實時，你可以努力不改變自己，不讓自己因此而陷入一種惰性，並可以用自己的智慧進行積極的鬥爭。首先爭取從精神上不為這種現象所壓垮，然後努力在現實中消除這些現象。

下面是心理咨詢專家為我們提供的一些行之有效的辦法：

♣將你所見到的各種不公正現象全部列出來。將這些現象作為你採取切實行動的出發點。向自己提出這樣一個重要問題：「這些不平等現象會因為我的憤慨而消失嗎？」答案顯然是否定的。努力消除致使你煩惱的錯誤心理，你便可以逐步跳出尋求公正心理這一陷阱。

♣盡量不再說：「我會這樣對待你嗎？」或其他類似的話，而應該說：「你我有所不同，只不過我暫時難以接受這一點。」這樣你就可以建立、而不是斷絕與別人的交往。

♣將「太不公平」之類的話改為「真令人遺憾」，或者「我倒真希望……」這樣，你就不致對世界產生不切實際的想法，並逐步接受現實，接受你並不讚賞的現實。

♣不要拿自己跟別人或別的事情比來比去。在制定自己的目標時，不要考慮周圍的人在做什麼。如果你要做一件事情，就應該全力以赴地做好它，而不必羨慕別人所具備的優越條件。

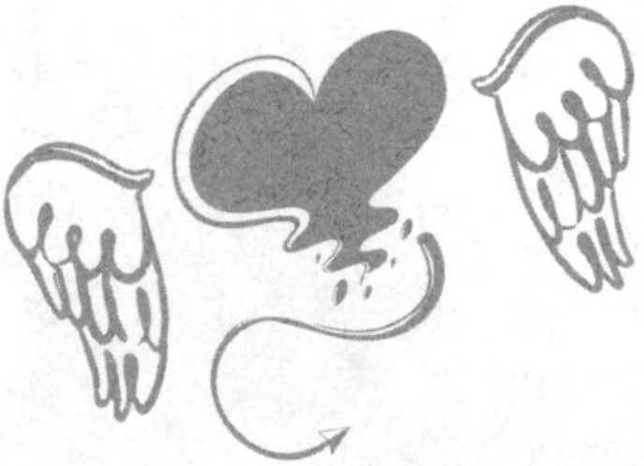

CHAPTER 2

與人往來要多費點心思，多留個心眼

有人說：「三十歲以前靠專業賺錢，三十歲以後拿朋友賺錢。」可見人際關係的重要性。人際關係是一種神奇的資源，它能讓一個才能平平的人得到令人垂涎的職位，它也能要一個人做別人連做夢都想不到他肯做的事。

要與別人建立良好關係，其實最重要的只有一點：你必須研究人。如果你真能理解別人——懂得他們怕什麼，希望什麼，夢想什麼……如果你有能力，而且在能力之外還有良好的人際關係，那麼，結果往往是一分耕耘，數倍的收穫。

01 對朋友進行適當的甄選

傑出的人士往往都非常注重對朋友的甄選。朋友的甄選，也就是擇友而交。應該明確的一點是，朋友的甄選並不能單憑你感情上的好惡作為標準，因為如果你只是憑自己喜歡與否而選擇朋友的話，那會使你失去很多有價值的朋友。

有的人可能在你第一眼看上去感覺就不舒服，或者因為他模樣長得怪，或者因為他不衛生，或者因為他語言不雅，但這只是你的第一印象，也許在你瞭解他以後，會覺得他是你最可信賴的朋友。單憑好惡取捨朋友是種非明智的做法，朋友的甄選是有原則可循的。如果你能理性地運用這些擇友原則，相信你一定會找到好朋友。

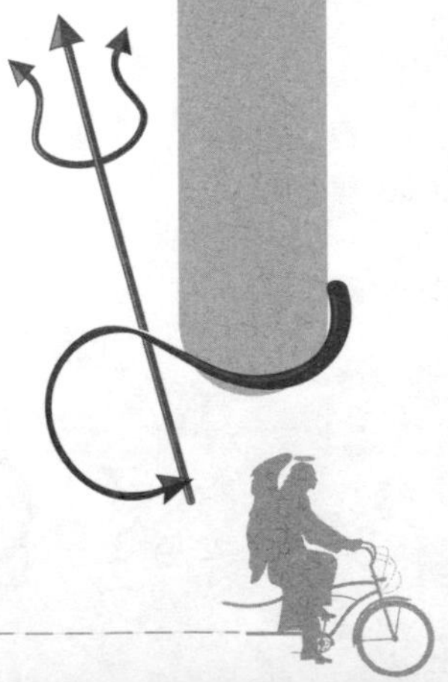

那麼，擇友原則又有哪些呢？

1、從自己的實際需要出發

交什麼樣的朋友，應該從你自己的實際情況出發，先對自己有一個全面地瞭解，再去交往朋友。不但要對自己的職業、現在的生活方式以及自己的理想追求有清楚的掌握；還要瞭解自己的性格，自己的優、缺點，瞭解自己的愛好、生活習慣，以及自己現有的知識、涵養及自己的整體素質，等等。總之，應該在對自己有一個充分地瞭解與把握的基礎上，結合自己在實際生活中的需要，結合自己的理想與追求去選擇朋友。

2、盡可能更多地瞭解對方

你想在你完全瞭解對方以後，再決定是否與他成為朋友，這是不可能的。因為你不太可能完完全全地瞭解某個人。但是，利用你能利用的條件和管道，在盡可能多的瞭解對方的基礎上，決定是否與他交友，則是完全可行的。一般而言，在你與某個人成為朋友之前，雙方只能算是認識人，在雙方只是彼此的認識人的期間，就是瞭解對方的一個有利的時機。

在這個過程中，不管你採取什麼方式或方法，最好不要讓對方知道你在試圖瞭解他；否則的話，他會盡量遮蔽自己的一些情況，或者乾脆拒絕與你來往，那麼就將很難取得預期的結果。處於戀愛中的人們是深諳此道的。這樣做雖然會使你花費一些時間與精力，但相對於能讓你選擇一個好朋友，並且有可能受益終生時，這簡直算不了什麼。

3、理性原則

這個原則無論對你選擇朋友，還是結交朋友來說，都是一項非常重要的原則。理性原則，就是要求你在選擇朋友和與朋友交往的過程中，應該時刻以理性的思維來指導自己的行動，不可感情用事。理性原則用在選擇朋友方面，就是要求你在還未盡可能多地瞭解對方之前，切勿因感情上的好惡，而貿然作出結交還是不結交的決定。

說得具體一點，就是不要因為對方給你留下了好的印象，就置其他於不顧而主動去接近他；更不要因為對方給你留下了一個壞印象，就不再與之來往。要知道，一個人在你心目中的形象，是會隨著時間的增多、認識的加深而改變的。因此，要保持理性的頭腦，切勿憑一時衝動而損失一個好友，或誤交一個損友。

4、擴大交友的層次

選擇朋友也應本著盡量擴大交友範圍的原則。一般而言，某個人的朋友所處的社會層次與他本人所處的社會層次是相同的。基於此，你在選擇朋友時，也應有意識地去選擇一些和你處在不同的社會層次的人交往，這樣可以擴大你的交友範圍，開闊你的視野，進而也使你的人際關係網絡具有更大的平衡性和能量。

5、準確將朋友定位

在選擇出朋友並交往了一段時間過後，就應當對你的朋友應處在你的人際關係網絡的何種層次、何種地位上作出適當的定位。對自己的朋友進行適當的定位，對於穩固你的人際關係網絡、促使你交往更多的朋友或者定位後採取進一步的措施，都有積極的意義。

透過對你對朋友的定位，就可以依據不同的朋友與你的關係而採取不同的交往策略。

02 分辨和接納不同層次的朋友

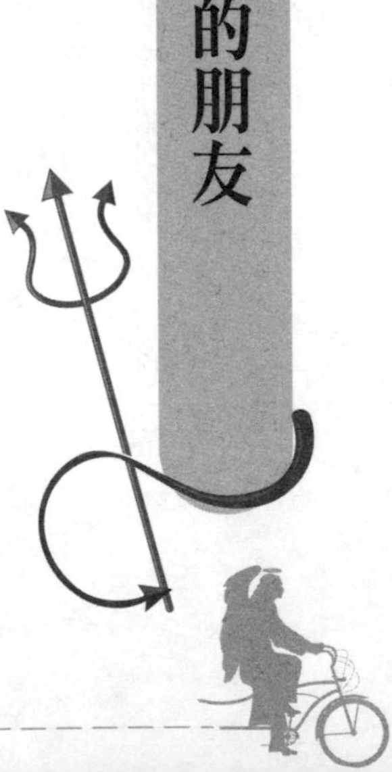

俗話說：「千金易得，知己難求。」「相識滿天下，知己無一人。」不是每個人都會對我們推心置腹，我們也不能期望每個朋友都願與我們坦誠相待，耐心聽我們發牢騷。友誼的多彩，就在於它不單有知己深交或泛泛之交，而是在此二者之間存在了多種深淺不同的層次。

一個很成功的商人，朋友無數，三教九流都有，他也曾逢人就誇，說他朋友之多，天下第一。後來有人問他，朋友這麼多，他都同等對待嗎？他沉思了一下說：「當然不可以同等對待，要分等級的！」他說雖然自己交朋友都是誠心的，但別人來和他做朋友卻不一定都是誠心的。在他的朋友中，人格清高的朋友固然很多，但想從他身上獲取一點利益，心存二意的朋友也不少。「對方是有壞意，不夠誠懇的朋友，我總不能也對他推心置腹吧！」這位商人說，「那只會害了我自己。」

「我過去就是因為人人都是好朋友，受到了不少傷害，包括物質上的傷害和心靈上的傷害。所以今天才會把朋友分等級。」很明顯，「刎頸之交級」、「推心置腹級」和「可商大事級」的朋友，是可以利用的好朋友。

或許你認為把朋友分等級而後去利用過於世故，過於有「心機」，但聽了這位商人的話，使我們覺得分等級的確有其必要——為了便於利用和保護自己免受傷害。

是否善於交往的一個重要方面，就體現在我們是否懂得分辨和接納不同層次的朋友，對他們有合適的期望，同時瞭解增進與維繫各種情誼的方法。

以下是一位人際關係大師的心得和建議：

1、知己

知己是我們人生中絕難找到的極少數朋友，他們可以誠意地接納我們的優點，也會接納我們的缺點，處處忠誠地為我們著想。他們像面鏡子，能給予我們勸勉和鼓勵；又像影子，對我們信任、支持，是維持我們精神健康的支柱。

不過，對於知己我們也有義務不斷地付出。去接納、支持、聆聽和幫助，是知己的責任。切記的是，不要濫用知己的權利——知心朋友也有自己的思想，自立的利益，不能要求對方總是完全同意自己、遷就自己。

2、死黨

他們多是一些來往密切，與自己的生活圈子很接近的朋友，彼此有相同的思想，相同的遭遇，故而很容易談得來，在行動上又默契地成為一夥，組成小圈子活動。

「死黨」是我們日常生活的好夥伴，可驅除孤單感，增加自信心，為生活加添色彩和熱鬧，是有需要時最好的支柱。

但若要整個「死黨」能相處愉快，就需要大家彼此遷就，不執意獨行，有合群的性格，才能發揮聯合的力量。「死黨」有事求助時，我們該不吝嗇挺身給予援手，對對方常加鼓勵，並把這些看做是自己的本分。不過，可不要單單陶醉在這個「小圈子」裡，完全排斥外界朋友，否則，可能會失去很多寶貴的友誼。

3、老友

他們是與我們很熟悉、相識多年的老朋友，如舊同學、一起長大的玩伴等。雖然大家見面的機會未必很多，但基於彼此熟悉，每次相逢都能天南地北地親切交談，成為一段暢快的經歷。

他們不是知己，有困難時未必會想到他們；大家的性格也未必接近，不過友誼倒是耐久而雋永，值得我們去珍惜和主動自然地表示關係。對於這些人，不要因為來往少而讓友誼止於寒暄、敷衍的地步。

4、來往密切的朋友

因為活動圈子相同，我們可能交到一些接觸密切的朋友，如上司、同事、老師、同學等。他們很熟悉我們的生活小節，但卻未必是那些互相瞭解，可傾訴心事的人。

對於這些朋友，雖然大家每日共事，但不能對人要求太高，因為彼此都沒有什麼承諾和默契。但起碼相處應不忘禮貌，言行一致，真誠，工作上給予人方便，都是我們該遵守的，因為他們正是最能看透我們言行、工作能力和態度的人。不要老擺出外交式的笑容和虛假態度，更須小心因日常利害衝突而摩擦。

5、單方面投入的朋友

有些人可能對我們很著迷和信任，常把心事向我們傾訴，但我們卻沒有那種共通的推心置腹的感覺。也有些時候，我們對某人特別崇拜傾慕，而對方卻未必有熱烈的反應，這種不平衡的關係，多產生於一些不同位置的朋友之間，如老師與學生，偶像與「粉絲」等，不過有時普通朋友間也有這種不平衡現象。

當受人仰慕的時候，可不要輕看和玩弄別人的友情，或表示討厭和高傲的態度，該盡力去助人成長，給予中肯意見，鼓勵他發展獨立精神，認識其他朋友。

當我們傾慕別人的時候，也不能成為他人的累贅，過分依賴。而應該積極從他人身上學習長處。切記，不要盲目崇拜，胡亂拋擲感情。

6、普通朋友

這類朋友佔了我們的朋友圈子大部分。他們可以和我們扯東扯西，談些無關痛癢的話題，不過交情上可是誰也不欠誰，不會教大家牽腸掛肚。

雖說是普通朋友，也可成為遊樂時的好玩伴。有難事，也可向有專門知識的個別朋友請教。這些來自不同背景的朋友，能充實我們的知識，令我們感受到「相識遍天下」的溫暖感覺。

這類朋友，只要我們肯擴張生活圈子，自然不會缺乏。至於感情發展，順其自然好了，別對人要求太苛刻，他們會受不了給嚇跑的。

7、泛泛之交

大家的友誼僅止於認識的階段，是點頭之交，連普通話題也未必有機會聊上。大家若能做到見面時打打招呼，保持禮貌距離，已是很不錯的了。

千萬別對人隨便過分信任，否則誤交朋友，後悔可太遲呢。稍有「心機」的人都知道，一個人的成功，除了時、運、命和自身的努力之外，還離不開眾多朋友的支持和幫助，離不開對朋友的「利用」。

要十分客觀地將朋友分等級其實並不容易，但面對複雜的人性，你非得勉強自己把朋友分等級不可。心理上有分等級的準備，交朋友就會比較冷靜客觀，就可在關鍵時用得上，並且把傷害減到最低。

03 處人藝術的原則

一個人只要不是離群索居、與世隔絕，就必然要和各式各樣的人發生交往關係。能否正確處理這種人際關係，直接影響到一個人的思想、情緒、生活和工作。沒有良好的人際關係，就不會有身心的健康愉快和事業的成功。因此，我們不能不對處人藝術予以重視和研究。

古人說及的處人藝術很多，最值得現代人借鑒的、最重要的是兩點：一是精明練達，渾厚溫和；二是和而不同，和而不流。

1、精明練達，渾厚溫和

待人接物既要有正派方嚴、寬厚平和的涵養，又要有精明練達、靈活圓通的智慧。這就是古人說的「方其中，圓其外」、方圓結合的處人原則。一個人既能持身方正，又能靈活圓通地對待他人，才能正確處理複雜的人際關係。如果只有方正的原則性，沒有圓通的靈活性，就不能團結、影響多數人，使人際關係中的矛盾複雜化。

脫離渾厚的方嚴，會成為不近人情的嚴酷苛刻，成為協調人際關係的障礙。以這樣的態度立身處世，雖然為人正派公道，也只能潔身自好，不能影響和帶動他人，成為改造社會，成就事業的有用人才。

社會是複雜的，我們接觸的人形形色色，賢愚不等，性格各異。其中固然好人是大多數，但也有思想品德不好、甚至陰險刁詐的人。面對人情多變、人心難測的現實，如果只講待人渾厚包容，就會吃虧上當。因此，又有「害人之心不可有，防人之心不可無」的古訓。

「防人之心不可無」是針對社會生活的複雜性提出來的。現實生活中有美好的東西，也有醜惡的東西。醜惡的東西常常披著美麗的外衣。甜言蜜語的後面可能是陰謀詭計，功名利祿的誘餌後面可能是圈套陷阱。因此，善良的人們要育自我保護的防衛心理，要有冷靜的思考，機敏的警覺，要有洞察世態人情的智慧。只有這樣，才能對奸詐之徒的陰謀詭計及時採取預防處置措施。

防人之心過甚，也會成為人際交往的障礙。因為人人互相戒備，互相猜疑，人際關係中就會充滿緊張冷漠的氣氛。如果離開渾厚，防人之心便成為爾虞我詐，離理想的處人原則就更遠了。

我們要相信大多數人是善良可靠的，要以溫厚的態度對待他們，不要無根據地懷疑別人，同時我們又要有足夠的警惕性和機智，及早察覺少數人的欺詐行徑。即使別人有錯誤，有過失，也不妨以德性感化之。用這樣的態度待人，既可避免上當受騙，又可保持團結和諧的人際關係。這就是精明練達、渾厚溫和相結合的處人藝術。

2、和而不同，和而不流

「和而不同」是靈活性與原則性相結合的處人藝術。我們所處的生活環境，所接觸的各式人物，不可能都合乎自己的理想和要求。對於生活環境中的不健康的東西，對於人群中不正確的思想、行為和作風，我們不能盲目附和，而要保持自己的操守和品格。這是原則性。

另一方面，我們又要適應環境，善於和各式各樣的人物協調和睦地相處，這是靈活性。只有原則性，沒有靈活性，就會脫離現實，脫離群眾，使自己陷於孤立的境地。只有靈活性，沒有原則性，和壞的思想、行為、作風同流合污，就會損害自己的思想品格，不能達到祛邪扶正、改造環境、改造社會的目的。

洪應明在《菜根譚》中說：「做人要脫俗，不可存一矯俗之心；應世要隨時，不可起一趨時之念。」

「隨時」也可解釋為順應時代之潮流去適應生活，參與生活；「脫俗」則要求在世俗生活中保持超越流俗的品格。「隨時」如果是積極的處世態度，則有利於掌握現實，參與補救時弊的現實變革，並為日後的成功累積經驗，創造條件。如果脫離現實環境，怨天尤人，就會白白地浪費時光，最終一事無成。「脫俗」如果不是自命不凡，故意標新立異，則可以避免無原則、無主見地去趕時髦、趕潮流、喪失自己的個性和本色。

從處理人際關係來說，「隨時」、「脫俗」，「和而不同」，也包含尊重自己、尊重別人的問題。每個人都有自己的欲望和感情，要瞭解別人的感情，尊重別人的感情。只考慮自己，一切從自己的要求、願望出發，就會對什麼人都不順眼。即使別人真有缺點過失，也不要輕易傷害別人的感情。

如果能以隨和的態度與人和睦相處，注意尊重別人的感情，這樣，批評別人的缺點的時候，就會如春風拂柳，使人感到舒暢可從。如果脫離群眾，甚至傷害別人的人格尊嚴，批評的意見即使正確，也會使人反感對立。因此，在處理人際關係時，既要堅持原則，又要順應人情。

04 善待君子，善處小人

小人是琢磨別人的專家，敢於為小恩怨付出一切代價，因此對付小人沒有一套辦法是不行的。

李林甫是唐玄宗手下常伴隨其身邊的一個奸臣，心胸極端狹窄，容不得別人得到唐玄宗的寵愛。唐玄宗有個喜好，他比較喜歡外表漂亮、一表人才、器宇軒昂的武將。有一次，唐玄宗在李林甫的伴同下正在花園裡散步，遠遠看見一個相貌堂堂、身材魁梧的武將走過去，便感歎了一句：「這位將軍真漂亮！」

他問身邊的李林甫那位將軍是誰，李林甫支吾著說不知道。此時他心裡很慌張，生怕唐玄宗喜歡上那位將軍。事後，李林甫暗地裡指

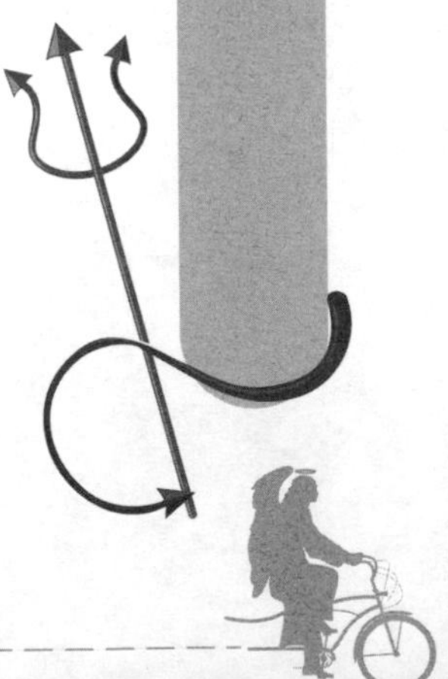

使人把那位受到唐玄宗讚揚了一句的將軍調到一個非常邊遠的地方，使他再也沒有機會接觸唐玄宗，當然也喪失了陞遷的機會。

小人的行為讓人莫名其妙，其心眼很小，眼裡容不得沙子，為一點小榮辱就會不惜一切，做出損人利己的事來。善於處世的人，應該是一個善於對付小人的人。

郭子儀平定安史之亂立了大功，但他並不居功自傲，為防小人嫉妒，他格外小心。一次，朝中有一個地位比自己低的官僚要來拜訪郭子儀，郭子儀事先做了周密安排，因家中侍女成群，他讓所有的侍女到時候都避開，不要露面。郭子儀的夫人對此舉感到不理解，問為什麼這麼做？郭子儀告訴其夫人說，這個官僚是個十足的小人，身高不足五尺，相貌奇醜，很忌諱別人說他醜。郭子儀擔心家女見了這個人會發笑，因而讓所有家女都躲起來。

郭子儀對這個官僚太瞭解了，在與他打交道時做到小心謹慎。後來，這個小人當了宰相，極盡報復之能事，把所有以前得罪過他的人統統陷害掉，唯獨對郭子儀比較尊重，沒有動他一根寒毛。這件事充分反映了郭子儀對待小人的辦法既周密又老練。

洪應明在《菜根譚》中說：「休與小人仇雠，小人自有對頭；休向君子諂媚，君子原無私惠。」這雖然有「明哲保身」的味道，但區別待人的思想可供我們參考。

勿媚君子的道理是很清楚的，君子有處人的原則，低聲下氣地去討好君子，只會引起反感，自找沒趣。為什麼不要和小人結仇？是因為小人胡攪蠻纏，和小人爭論是非，往往白白浪費精力。一般人常常是以小人之道對待小人，而以謾罵對謾罵，以攻擊對攻擊。但這樣，就把自己也降為小人了，也無助於問題的解決。因此，對小人要注意「不惡」，以凜然正氣壓倒小人的邪氣，以冷靜的態度擺事實，講道理，揭露小人的攻擊和誹謗，這樣才是解決問題的正確辦法。

對待君子，則不僅要尊敬他們，還要以禮相待，按照君子之道立身處世。要學習君子的品德學識，使自己也成為君子。只尊敬而不學

習，不能算是對待君子的正確態度。

清人申涵光的《荊園小語》中多處談到如何對待小人的問題。例如：「小人當遠之於始，一飲一啄，不可與作緣。非不我恨也，泛然若不相識，其恨淺。若愛其才能，或事勢相借，一與親密，後來必成大仇。」從擇交的角度考慮，申涵光的意見是有道理的。與小人交往，交淺恨淺，交深恨深。如果因為愛小人之才，或者辦某些事借小人之力，與之親密交往；一旦發生利害衝突，就必然結成大仇，遭到小人的瘋狂報復。

古人還提醒我們：「惡人未可輕去。」離開惡人，揭露和除掉惡人，需要有準備，並且要等待適當的時機。如果條件不具備，時機不成熟，就倉促行事，不僅惡人除不掉，反而會被惡人陷害。這是歷史上好人與惡人鬥爭的慘痛教訓，值得我們記取。因此，聰明的懂得：要善待君子，善處小人。

05 不隨便受人恩惠和受恩必報

人世紛爭，無非恩怨。因恩生愛，因怨生恨，導致人際關係的鞏固或破裂。如何處理恩怨問題，值得作為一個專題來研究。

關於「恩」的問題包括兩個方面，即施恩和受恩。受恩必報，是中國傳統道德的要求。中國人講究「禮尚往來，往而不來非禮也，來而不往亦非禮也」。禮儀上崇尚有來有往的風習由來已久，受人恩惠不思圖報，便是忘恩負義，為世人所不齒。

受人恩在精神、道義上有負債感和責任感，因此古人強調不要隨便受人恩惠。常常接受別人的施捨幫助而無力回報，就會感到拿了別人的手短，吃了別人的嘴軟，站在別人的面前矮了三分。如果遇上心術不正的人，用小恩小惠作手段來達到自己的目的，就會被人控制利用，無法自拔。因此，不要隨便受人恩惠，要考慮有沒有報答的能力。

不隨便受人恩惠和受恩必報，這是受恩時應該注意的問題；如果施恩給別人，則要實行另外的原則，這就是「施恩勿望報」。受恩和施恩是兩回事，應該實行不同的原則：受恩應該回報，施恩則不應該要求回報。給人恩惠以後，如果總記在心上，四處宣揚，就會使別人產生心理壓力和反感。這樣，恩就變成怨了。說施恩望報是結怨之道，原因就在這裡。還有一種人，「不恩人而故作恩人之態」。表面上裝出關心人、幫助人、要給人恩惠的樣子，實際上並沒有給人恩惠。這種口惠而實不至的行徑，就更卑鄙可恥了。

要區別兩種不同領域的行為規範：一種是經濟活動領域的，一種是精神道德領域的。在市場經濟條件下，一切經濟活動和業務活動，都受價值規律的支配。互惠互利，等價交換，是合理的、正大光明的事情。經濟業務活動中的夥伴，也需要互相支援，互相幫助。但這種支援、幫助是以相應的回報為基礎的，甚至相互間的友誼也成為一種感情投資，日後要從這種投資中獲得豐厚的回報。

然而，必須指出的是，這種等價交換的原則是不可以左右人們的精神道德行為，使友誼、正義、道德、良心等等都變成商品的。人與人之間除了金錢關係之外，還有道德、情感的關係。每一個人都應該關心他人，同情他人，幫助他人。從道德要求來說，這種關心、同情和幫助應該是無私的，不以獲得相應的回報為目的。

施恩不望報是精神道德領域的基本原則，人們的道德情操，人們的真誠友誼和同情心，不能用金錢換取，也不能用金錢衡量。一旦把關心、幫助他人作為投資，以謀求更大的利益，那麼，這種同情和幫助，便不再是高尚的道德行為，而成為赤裸裸的商品交換，人與人之間也不再有真情實意可言了。

人們不僅要有優越的物質生活享受，還需要真誠的愛心和友誼。因此，施恩不望報的精神，今天仍然是需要提倡和發揚的。

06 努力獲得朋友的認同

在現實生活中，人們大都渴望獲得他人的好感。這是人的一種基本需求。獲得朋友的認同、讚許，進而得到內心的平衡，產生成功的滿足感，也是現代人心理渴望的具體表現。我們究竟怎樣入手，才能走好人際交往這步人生中的大棋？

要想贏得朋友的好感，以下建議一定會對你有所幫助：

1、塑造良好形象

要想讓朋友對你產生好感，首先在主體身上要有好的「影響源」，即形象設計和內在素質。朋友的好感只能從自己本身的良好形象和文明的言行中產生。只有做到謙虛不自卑，自信而不固執，倔強而不狂妥，才能給朋友留下好的印象。

2、注意累積知識

世界上沒有哪個人喜歡知識貧乏。只有學識豐富，思想敏銳，興趣廣泛，才能提高自我價值，吸引眾人。

3、心地誠實，待人誠懇

心地誠實，待人誠懇，做人正派，這是被人瞭解和受人歡迎的開端。如果不愛說真話，弄虛作假，朋友就會不信賴你，覺得你不可靠。時間長了，就會疏遠、厭惡你。

4、樂於幫助他人

個人的力量總是很單薄的，當面對生活中的種種問題時，每一個人都需要朋友的幫助。因此有人說過，人生的旅程是在朋友的扶持下走完的。當朋友對生活中的某一問題無力解決時，如果你能夠伸出一雙熱情的手，無疑會給對方以極大的力量與信心。特別是當朋友遇到挫折，處於逆境之中時，如果你能夠熱情幫助朋友，朋友定會對你產生強烈的好感。

然而，很多人都忽略了幫助朋友這一最簡單的增進吸引力的方法。他們在抱怨人們缺少友情的同時，自己並不願意對朋友付出一點點的友情。即使是舉手之勞，也不肯幫助朋友，正是這種心理將他們自己拒於友情的大門之外。而聰明的人懂得：你要朋友怎麼待你，就得先怎樣待朋友。

5、興趣力求廣泛

愛好和興趣是相識他人、廣交朋友的一個很好的「媒介」。如果你喜詩愛畫，能歌善舞，集郵、攝影、體育樣樣都懂一些，你就跟朋友有了共同的情趣，共同的語言，共同的心聲，無形中也在你和他人之間逐漸架起了一座友誼的「橋梁」，朋友也將會對你逐漸產生好感。

6、善於語言表達

無論是在聚會上，還是在朋友相聚的場所，如果你有個人的見解，就要大膽地表明，這樣將增加你做人的力量。若是一言不發，一味害羞，不敢啟齒，不僅給人軟弱無能的印象，而且會在眾人面前降低你的位置。

7、尊重朋友的自尊心

俗話說：「人有臉，樹有皮。」每一個人都有自尊心，都希望朋友的言行不傷及自己的自尊心。任何人在人際交往過程中，都有明顯的對自我價值感的維護的傾向。例如，當取得了成績時，我們會解釋為這是自己的能力優於朋友的緣故；當朋友取得了成績時，我們又會解釋為朋友僅僅是機遇好而已。這樣的解釋就不至於降低自我的價值感，傷及自尊心。

我們在與朋友往來時，必須對他人的自我價值感起積極的支持作用，維護朋友的自尊心。如果我們在人際交往中威脅了朋友的自我價值感，那麼會激起對方強烈的自我價值保護動機，引起對方對我們的強烈拒絕和排斥情緒。此時，我們是無法同朋友建立良好的人際關係的，已經建立起來的人際關係也可能遭到破壞。

07 透過說話方式瞭解別人想法

為了更好地與人交往，深入地瞭解別人的想法是非常重要的。一般說來，一個人的感情或意見，都在說話方式裡表現得清清楚楚，只要仔細揣摩，即使是弦外之音，也能從說話的簾幕下逐漸透露出來。以下幾點經驗可供參考：

1、說話快慢，是看破深層心理的關鍵

如果對於某人心懷不滿，或者持有敵意態度時，許多人的說話速度都變得遲緩，甚至不夠流暢。如果有愧於心或者說謊時，說話的速度自然就會快起來。

假如有個男人每天下班都按時回家，但這天他下班後卻留在辦公室與同事打牌，回到家時，就會馬上跟老婆說他加班了，而且還要咒罵現在為什麼有這麼多的工作做不完等等之類的話。他的說話語調一定會比平常快，因為這樣他可以解除內心潛在的不安。

遇到男人這樣時，做老婆的一定要慎重，什麼事一旦有了開頭，就會有下次，不可掉以輕心。

2、從音調的抑揚頓挫中看破對方心理

上述的那位「加班」的男人，當他回到家時，他說話的語調不僅快，而且慷慨激昂，好像今天的「加班」的確讓他很反感——他是很不願意「加班」的。

當兩個人意見相左時，一個人提高說話的音調，即表示他想壓倒對方。對於那種心懷企圖的人，他說話時就一定會有意地抑揚頓挫，製造一種與眾不同的感覺，有一種吸引別人注意力的欲望，自我顯示欲隱隱約約地透露出來了。

3、由聽話方式看破對方心理

構成談話的前提包括了兩種不同立場的存在者——即說話者與聽

話者。我們可以根據對方對自己說話後的各種反應，來突破對方的深層心理。如果一個人很認真地聽話，他大致會正襟危坐，視線也一直瞪著對方；反之，他的視線必然會散亂，身體也可能在傾斜或亂動，這是他心情厭煩的表現。

有些人仔細傾聽對方的每一句話，等到講述者快說完時，他也會透露自己的心聲。由此看來，這位傾聽者完全依靠堅強的耐心，再配合一股好奇心，才能最終突破講話者的祕密。

如果你想套知某人某方面的消息，你就要和他從一個平常的話題切入，然後認真傾聽、提問、傾聽……一步步達到自己的目的。對方在高興之餘，也忘了提防；相反還會認為你是一個很好的傾聽者，善解人意呢。

08 透過談論探察對方心理

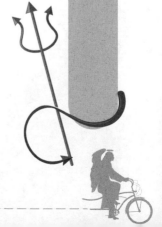

除了說話的方式，在談話當中，我們還要關注一下對方的話題。因為話題是心理的間接反映。一個人的心理情況往往在話題中表露出來，也許對方並未直接說出自己的心境，但你只要仔細分析對方話題的內容，一定能獲取對方某方面的信息。下面是一些具體的經驗：

1、愛談論自己的人

有的人與人交談時，愛談起自己的情況，包括自己的個性、愛好、及對一些事物的看法等。這樣的人性格比較外向，也比較忠厚。一般他們的感情色彩鮮明而且強烈，主觀意識比較濃，愛公開表露自己的優點與長處，多少有點虛榮心。他們渴望交談者能關注自己，瞭解自己，自己能在眾人的談話中處於焦點位置。

2、不愛談論自己的人

相反來說，如果一個人不愛談論自己的有關情況，對自己的信息很有防範傾向，哪怕一些可以公開的個人話題也不願涉及。說明這類人的性格比較內向，往往對事物的看法觀點不鮮明，感情色彩比較弱，主觀意識也比較淺薄。這類人比較保守，多少帶有自卑心理，也許其中有些人很含蓄，但城府很深。

3、愛談論他人的人

有一類人愛與對方談論第三者，將另外一個人的各方面作為話題，並滔滔不絕，評論不休。會向對方說起第三者的是非功過，當然還是貶低的方面多，多以批判為主。往往被談論的第三者與談話雙方都很熟悉。這時你該留心了，他不停地向你說起第三者的意圖是什麼？很可能在他批判時他還要促使你發表一下看法。這時你要明白對方的用意，你千萬不可也妄加指責第三者，最好把話題岔開，對方是想藉機來瞭解你的一些情況。這類人不少，你最好提高警惕。

4、在談話中不願涉及金錢話題的人

這類人對金錢很敏感，談話中故意繞開金錢的話題不談。他們往往信心不足，缺少理想。之所以不談金錢，是因為他們把金錢看得太重，有一種金錢至上的觀念。他們太注重現實，很有物質崇拜傾向，常將賺錢定為自己人生的奮鬥目標，但真正有了錢卻沒什麼理想，思想上很平庸。他們即使很有錢，也不會樂善好施。當擁有巨大的財富時，他們又為自己的財產安全感到不安。這類人活得很不快樂，心靈很空虛。

5、愛發牢騷的人

談話中愛從某一話題中引發出牢騷來，或對人，或對事，牢騷不止。這類人多屬於追求完美的人。他們擁有很強的自信，做什麼事情要求都比較高，因為他們心中時刻樹立著最理想的金牌。一旦自己做錯了就埋怨自己，別人做得不好他更不能放過。

但世間永遠沒有最好，只有更好。這類人比較理想化，在現實實踐中做得不夠，但只知抱怨做得不好，並不知從現實中總結經驗、吸取教訓。

6、愛讚美對方的人

有一類人在交談中很愛在話題中讚美別人。讚美對方的個性，讚美對方的愛好，讚美對方的職業，讚美對方的家庭等等。使人感覺到一種過度的恭維，沒有實在感。

這類人一般會用心計，他恭維你是想讓你對他產生好感，很可能在談話中有目的，有事要求你幫忙，只是不好開口。沒有原因的恭維，幾乎是不存在的。

7、突然轉移話題

在談話進行中也有這種情況，一方突然把話題轉移，提出令對方難以接受的苛刻條件。這種方式一般有兩個原因，一是提出方對對方感到不滿，想存心為難對方，並想經由棘手的問題挫敗對方；還有就是想試探出對方的誠意。提出一個讓對方不易接受的條件，看看對方有什麼反應，以此來探知對方的態度。

這類人說話比較冒進，往往令人產生反感；但是他也是從實際出發，並沒有什麼歹意。

8、試探性的語言

談話一方如果提出一個令對方很敏感的問題，使對方處於為難的孤立狀態，這是他想迫使對方做出果斷的選擇。一般情況下，對方要經過慎重思考才能回答。男女戀愛時經常會用這種方式來考驗對方。這樣做的目的，多半是想探測對方說的是不是真心話，或者想知道對方對自己是否真的在意。

9、貪婪性的語言

有些人在談話中不停地詢問對方的相關情況，他是想瞭解對方的真相。不停地打聽對方的情況，這是有意瞭解對方的缺點與弱項，很可能心存不良想進一步控制對方。這時你最好岔開話題，以免他追問不休。

一般情況下，年輕男性在女性面前熱衷於談論車子、戰爭等問題，從心理學角度來說，他們內心潛伏著一種談論性方面問題的渴望。極端避免談到性問題的女性，有時候對於性問題反而懷著濃厚的興趣和關心，這種女性一般比較性感。

當你正津津有味地談論著一個話題時，對方突然插過來一個毫不相干的話題，這是他對你的話題根本不感興趣。這類人愛忽視別人的談話，對對方顯出不尊重。這類人還懷有極強的支配欲與自我顯示欲，所以個性比較蠻橫霸道。這類人談起話來會喋喋不休，一般不喜歡別人插話。

談話中掌握好話題的運用，會增加你的談話信息，提高你的談話質量，有利於拉近與對方的關係。

09 由聽話方式推測對方態度

在交談過程中，要想將對方說動，不但要注意自己的談話方式，還要觀察與揣摩對方的聽話方式。看對方的聽話態度如何，留心對方的表情與舉動，看對方是否在認真聽你說話。如果你說得天花亂墜，對方聽得昏昏欲睡，這樣的談話效果就太差了。

一般來說，一個人的聽話方式可從動作與表情兩方面反映出來，下面是專家總結的一些經驗：

1、遮口

聽話時用手遮口的人，一般比較膽小、羞怯。一位心理學者評論前總統卡特在笑的時候，總是有意展露他那副排列整齊的牙齒，稱為

「具有強烈權勢意向的證據」。同理，刻意遮口的人，則可能是對自己不夠自信。

女性以口小為美，用手擋口是為了雅觀，掩飾其口大的缺陷。但也有某些女性，在交談聽話的過程中，刻意地用手或手絹遮口，目的是要強調自己的女性美，企圖讓人認為她教養好，以期能夠引起對方的關注。

2、打手勢

這類人聽話時常會有一些手部動作伴隨，如攤雙手、擺雙手、相互拍手、做暫停的手勢等等，這些動作好像是對對方說話內容的強調。這類人做事果斷、自信十足，喜歡充當領導者的角色，對別人愛加以指點批判。

他們比較有實力，很有男子漢氣派，性格大都屬於外向型。這類人具有良好的素質，並且有很好的演講口才，說服力比較強，待人熱情，對朋友也很真誠。但他們愛掩飾自己的真實性格，不輕易把別人當作自己的知心朋友。這類人事業心很強，一般會憑自己的努力闖出一番成就。

3、不時地拉拉耳垂

有些人聽人談話時愛拉自己的耳垂。當我們談話時，看到對方不斷用手拉耳垂，這個動作表示他不想聽你一個人說個沒完，想打斷你的談話自己發表意見。

在小學生時期，我們常有先舉手後發言的習慣。如果一遇到想發言的情況，便會有舉手的欲望，可是又怕回答不好老師的問題。手沒舉起來只好用拉耳垂的動作來替代，久而久之便產生了拉耳垂的習慣。因此，這類人一想到要打斷對方講話，便會一面在心裡祈望，一面用手付諸行動。

心理學家從研究中發現，希特勒就是一位習慣拉耳垂的人，這可能與他幼年時期不順利的生活遭遇有很大關係，這同時還體現了神經質的特徵。

4、拍打自己的頭部

這個動作的意思是表示聽話人對自己懊惱和自我譴責。有些人愛拍打自己的後腦勺，說明他們比較冷酷，不太注重感情；理性思維較強，愛利用別人，對人愛挑剔。他選擇你做是有原因的，是認為你在某方面有利用價值；不過，一旦你失去了利用價值，他就會把你一腳踢開。但這類人比較聰明，思想獨特，做事有主見，對新事物有大膽嘗試的精神。他們勇於創新，積極開拓，只是感情淡薄人緣不好。

有些人愛拍打自己的前額。這類人一般都比較樸素單純，是心直口快的人。他們為人坦率、真誠，富有同情心，絕不會在朋友之間耍心計，有事多替朋友著想。若是女性，一定是個溫柔善良的好女人，會成為一位賢妻良母。這種人心裡往往藏不住祕密，愛把話說出來，但常常被人誤會，不過他並沒有歹意。

5、玩弄飾物

聽話時愛玩弄小東西。這類人一般都比較內向，不愛多說話，不輕易使感情外露。但他們感情細膩，做事認真踏實，對工作認真負責，對朋友託付的事一定盡力辦好。生活中這類人比較勤快，會將自己的小環境收拾的井井有條。

6、攤手聳肩

攤開雙手，聳聳肩膀，一般是表示自己無所謂，滿不在乎。習慣於這種動作的人，大都為人熱情，辦事認真；貪圖能力比較好，又富有想像力；會打點自己的生活，也會享受生活。他們沒有太大的理想，家庭和睦，生活美滿就是他們最大的願望。

7、用鼻子吹氣

聽人談話常用鼻子吹氣的人，一定是有煩心事，或遇到了什麼麻煩，但有顧於面子不好向對方開口。你如果能主動提出為他幫忙的話，他會很感激你，成為你最忠實的朋友。

8、低頭聽話

總愛低頭聽人講話的人，為人慎重，含蓄不愛張揚，最看不慣別人宣揚式的言行。這類人做事謹慎、認真，但比較固執，不聽人勸告。

9、腿腳抖動

這類人聽別人說話時總是喜歡用腳或腳尖使整個腿部抖動，有時還用一隻腳的腳尖拍打地板啪啪作響。這種人性格保守，自私自利，

很少考慮別人；但他們很有思想見解，愛探討哲學問題。

10、邊聽話邊咬手指或指甲

這類人性格焦躁，沒耐性，易緊張，辦事頭腦簡單，理性思維不是很好。

11、眼睛亂瞟

聽話時眼睛忍不住的看其他東西，顯示他對你的談話不感興趣，快轉移話題吧。

聽話方式還很多，只要你掌握好對方的聽話方式，就能得知對方的意圖。及時轉換話題，將主動權掌握在自己手中，就容易打動對方。

10 從細微之處識破他人假話

在現實生活中，有太多的假話和謊言。如果我們不能及時地發現並識破其內心中的陰謀詭計，那就可能被說假話和謊言的人所欺騙，甚至可能給我們造成傷害或帶來嚴重的損失。

在社會交往中，人們說謊或被謊言欺騙的次數之多令人震驚。甚至，美國麻省大學的一位心理學家費爾德曼研究稱，每人平均每日最少說謊二十五次。人心難測，不可不防。我們聽到和看到過有太多的人曾經被欺騙的故事發生，甚至在你的身上，就發生過被人不止一次地欺騙過的事實。難道，我們就甘心情願再被那些心懷叵測的人所欺騙嗎？回答當然是否定的！但是，在現實的工作與生活中，可能還會

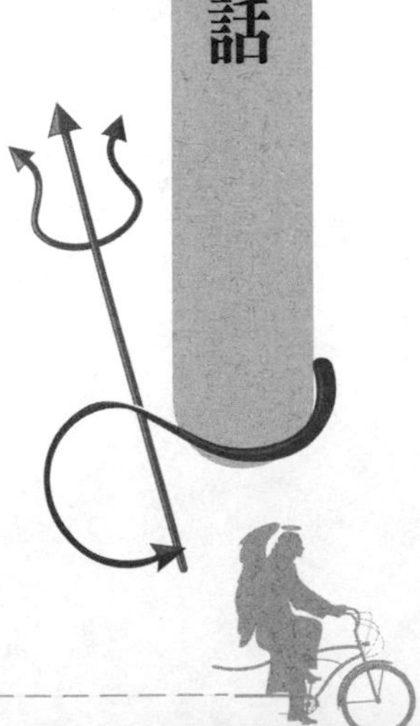

遭到那些「壞人」的不止一次的欺騙。究其原因，是人們需要掌握一種識別這種人的方法。

美國加州大學心理學家的一項最新研究發現，即使最常說謊的人，當他的大腦轉換成假裝模式時，也會有下意識的信號可以被抓住，普通人可以像測謊器一樣，抓住說謊者的口實。

這項研究是為幫助美國聯邦調查局職員審問嫌犯的。下面就是識破他人說假話的幾點經驗：

1、說謊者從不忘記

你可以在你的朋友身上試試，問他們兩天前的晚上從離開辦公室到上床，他們做了什麼，他們在敘述過程中難免會犯幾個錯誤。記住一個時間段的所有細節是很困難的。

人們很少能記住所有發生的事，他們通常會反覆糾正自己，把思緒理順。所以他們會說：「我回家，然後坐在電視前。噢，不是，我先給我媽打了個電話，然後才坐在電視前面的。」

但是，說謊者在陳述時是不會犯這樣的錯誤的，因為他們已經在

頭腦的假定情景中把一切都想好了。他們絕不會說：「等一下，我說錯了。」不過恰好是在陳述時不願承認自己有錯，暴露了他們。

2、聲量和聲調突變說謊者的聲音還會不自覺地提高

如果你問老公或妻子剛剛是誰打來的電話時，他突然開始像喜鵲一樣說話，你就得警惕了。說謊時音調升高，往往是因為說謊者為了掩飾虛弱的內心。

3、真假笑說明一切

心理學教授正在研究測量疑犯接受審問時面部肌肉變化的機器。他解釋說：「我們可以說出每塊肌肉動了多少次，它們停留多長時間才變化的，受試者的表現是真實還是偽裝的。」不過，你不需要機器就可以發現撒謊的男友或者心虛的女友。

因為說謊者虛偽的微笑在幾秒鐘就能戳穿他們的謊言。「真正的微笑是均勻的，在面部的兩邊是對稱的，它來得快，但消失得慢，」教授說，「它牽扯了從鼻子到嘴角的皺紋——以及你眼睛周圍的笑紋。」「從另一方面說，偽裝的笑容來得比較慢，而且有些輕微的不均衡，當一側不是太真實時，另一側想做出積極的反應。眼部肌肉沒有被充分調動——這就是為什麼電影中的『壞人』冰冷、惡毒的笑容永遠到不了他的眼部。」

4、表情在臉上停留的時間

人維持一個正常的表情會有幾秒鐘，但是在「偽裝的臉」上，真實的情感會在臉上停留極短的時間，所以你得小心觀察。一個著名的逸事是，美國保密局提供的膠片中，柯林頓說到陸文斯基時，他的前額微微皺了一下，然後迅即恢復了平靜。

5、撒謊的人老愛觸摸自己

撒謊的人老愛觸摸自己，就像黑猩猩在壓抑時會更多地梳妝打扮自己一樣。

心理學家奧惠亞等曾做過這樣一項實驗：指示被實驗者用謊言回答面談者的提問，並分別記錄剛剛下達指示後、撒謊前、撒謊時、撒謊以後等各個時間段裡的非語言型行為，與不說謊時的行為加以比較。剛剛接受指示後，被實驗者撒謊的時候，回答變得更加簡短，而且還伴有擺弄手指下意識地撫摸身體某一部位等細微的動作。人在撒謊的時候，越是想掩飾自己的內心，越是會因為多種身體動作的變化而暴露無遺。相信在這幾個招數的幫助之下，我們可以更容易識破說假話的人。

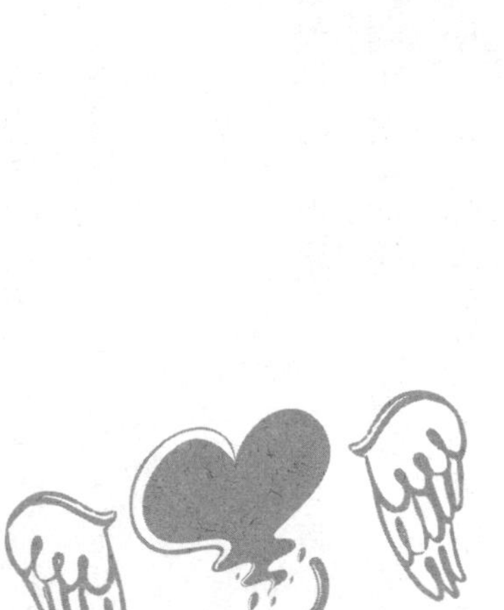

11 如何巧妙誘導對方說出真話

做人的原則和基礎就是誠實守信，一旦誠實守信消失了，那麼社會就不會有發展，人類也不會有進步。所以，是誠實使得社會能持續，使得人類能繁衍。因此，一個人保持自己的誠實是絲毫沒有錯誤的，也應該讓別人擁有一顆誠實的心。每一個社會的成員，都應該融入其中。一個人做到誠實守信、善於交往就是非常需要的。

每個人都必須有自己做人的原則和底線，其中最基礎的就是誠實。當然，我們期望自己身邊的人也應該是誠實的，可以說真話的。下面是專家總結引誘他人說真話的幾種技巧：

1、提及自身及姓名

美國赫特福德郡大學的心理學家韋斯曼說：「人們在說謊時會自然地感到不舒服，他們會本能地把自己從他們所說的謊言中剔除出去。比如，你問你的朋友他昨晚為什麼不來參加訂好的餐會，他抱怨說他的汽車拋錨了，他不得不等著把它修好。說謊者會用『車壞了』代替『我的車壞了』。」

撒謊者也很少使用他們在謊言中牽扯到的人的姓名。一個著名的例子是，美國總統柯林頓在向全國講話時，拒絕使用「陸文斯基」，而是「我跟那個女人沒有發生性關係」。所以，為了誘導他人說出真話，就應該經常提出有關對方的自身或者想過的名字，這樣他們就比較容易說出真話。

2、反覆問對方同一個問題

問一個人問題，然後等他們回答。問第二次，回答會保持不變。在第二次和第三次之間留一段空隙。在這期間，他們的身體會平靜下來，他們會想：「我已經矇混過關了。」

在所有的生理反應消退後，身體放鬆成為正常狀態。當你趁他們不注意再次問這個問題時，他們已經不在說謊的狀態中了，他們不是惱羞成怒，就是會傾向於坦白。如果一個人說：「我不是已經和你說過這件事了嗎？」然後才勃然大怒，這多半是在欺騙。也可能對你說：「事情是這樣的，我還是對你直說了吧。」所以，在感覺有必要的時候，不妨試著反覆問對方同一個問題。

3、直視對方的眼睛

說謊者從不看你的眼睛，他們知道這句忠告，所以高明的說謊者會加倍專注地盯著你的眼睛，瞳孔膨脹。每個人都記得小時候媽媽的批評：「你一定又撒謊了，我知道，因為你不敢看著我的眼睛。」欺騙者看你的時候，注意力太集中，他們的眼球開始乾燥，這讓他們更多地眨眼，這是個致命的信息洩露。

另外一個準確的測試是：直接盯著某人眼睛的轉動。人的眼球轉動顯示他們的大腦在工作。大部分人，當大腦正在「建築」一個聲音或圖像時，換句話說，如果他們在撒謊，他們眼球的運動方向是右上方。如果人們在試圖記起確實發生的事情，他們會向左上方看。這種「眼動」是一種反射動作，除非受過嚴格訓練，否則是假裝不來的。所以，眼睛是應該特別注意的地方。直視對方的眼睛，就能在某種程度上減少對方騙你的可能性。

4、不要責難你的嫌疑人

如果你以進攻性的問題發問，如：「當時你為什麼不在那裡？」或：「你是在騙我吧？」這會令人防備，死守他們的謊言。不如問一些開放式的問題，如：「你說你在哪呢？」或：「你什麼時候到家的？」這些問題更有助於你瞭解真相。

在這幾個招數的幫助之下，你會更容易誘他人說出真話。這樣，就會為你們之間的真誠交往掃清障礙。

12 絕不傷害別人的自尊和感情

人際交往中的一個重要原則是：你尊重別人，別人也會尊重你；你喜歡別人，別人也會喜歡你。美國著名學者威爾．羅傑斯曾經說過一句很有名的話：「我從沒遇到一個我不喜歡的人。」這句話或許有一點誇張，但這對威爾．羅傑斯來說並不為過。這是他對人們的感覺，正因為如此，人們也都對他敞開心懷。

當然，有時也會因為彼此意見不同，使得你喜歡某個人格外的困難。這是很自然的事。有的人生性就比別人更惹人喜愛。但是，我們知道，每一個人確實都有他值得尊重、甚至可愛的品性。

在人際交往中尊重別人的人格，是贏得別人喜愛的一個重要因素。

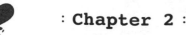

人格，對每個人來說，都是最重要、最寶貴的。對每一個人來說，他都有這樣一個願望：那就是使自己的自尊心得到滿足，使自己被瞭解、被尊重、被賞識。如果有人不尊重你的人格，使你的自尊心受到了傷害，當時你或許會一笑了之，但是他卻嚴重地傷害了你。

相反，如果我滿足了你的自尊心，使你有一種自身價值得到實現的感覺，那麼，這表示我很尊重你的人格。我幫助你獲得了自我實現，你也會為我所做的一切表示感激。你對我有一種感激之情。你會因此而喜歡我。

一些高明的政治家是精於此道的。為了籠絡人心，贏得別人的擁護和支持，他們絕不輕易傷害別人的自尊和感情。一位評論華盛頓政治舞台的專家指出：「許多政客都能做到面帶微笑和尊重別人，有位總統則不止如此。無論別人的想法如何，他都會表示同意。他會盤算別人的心思，並且能掌握這些心思的動向。」

在生活中，一定要注意不要貶低別人的人格，不要傷害別人的自尊心。因為，只有尊重別人，別人才會喜歡你。你滿足別人的精神需求，別人才會滿足你的精神需求。

一個人必須要有自我克制的能力，對和自己打交道的人，千萬不要表示出不耐煩。對某些人，你可能是特別的不喜歡，甚至是特別的討厭。但是，你不要感情衝動。只要你冷靜一點，盡可能地把這位令你生氣的人的優點、他的過人之處列舉出來，你就會克制自己的感情。如果你每天力圖列舉一點，久而久之，你就會驚訝地發現，你原來以為你不喜歡的那個人，竟然會有那麼多的值得人喜愛的地方。在發現了他的可愛之處後，你也會猛然覺得，自己沒有理由討厭他。當然，在你對別人有這些新發現的過程中，別人也在對你有許多新發現，也會發現你的許多可愛的地方。

13 如何快速融入新環境

每當來到一個陌生的地方，我們總是要先看一看周圍的環境和人，然後融入其中；同樣，每當一個陌生的人來到我們身邊，我們首先要觀察他，然後才接納，這是常規。所以，在我們剛剛邁入工作崗位的時候，我們應該心態從容地面對原有圈子裡的人對我們有意無意地排斥與觀察，自然不必期待一腳就能夠踏進同事的舊有圈子裡。若想盡快加入其中和他們打成一片，則必須有耐心和智慧。

1、順其自然，不要虛假

工作時間是你和同事相處，爭取早日融入同事圈子的最好機會，「路遙知馬力，日久見人心」，你只管認認真真工作，踏踏實實為人，無論多堅固的舊圈子都會漸漸接納你的。

在你和同事之間，本為沒有什麼牢不可破的障礙，只不過因為陌生，或者僅僅因為你自己內心設置的屏障，所以使你感覺到他們排拒，實際上未必是事實。工作過程中的每一個平實的日子都是你和同事們相處最好的中介，只要你有耐心，和同事們打成一片不過就是時間問題而已。千萬不要把這件事當作一個難題，而應輕鬆自然地去面對這個必經的過程。

需要注意的是，你千萬不要為了盡快投入同事圈子，而刻意改變自己去適應別人。比如在言語和行為上故意應和同事，心底裡是冷淡，而表面上卻裝成極熱情的樣子……這樣是沒有必要的，很累，也不長久，一旦他們看出你虛飾，反而會鄙棄你的為人，倒不利於你融入團體之中了。

2、充分利用業餘時間和機會

除了工作時間，業餘時間也是你為盡快融入老團體進行努力的好時機，休假日或假日你可以動動腦筋召集一些有趣的聚會，或者邀請

同一個辦公室的同事去你家裡玩，你親自做上幾道拿手好菜……這都是溝通思想交流的好方法。

另外，在員工旅遊或者度假時，盡可能地活潑、活躍跟大夥一塊說說笑笑，真實地顯現你的個性，真誠地表示你的熱心。一定不要獨來獨往，另闢蹊徑，那樣會讓同事們覺得你很難相處。

3、細心關懷、體貼同事

不要怕主動表達你的關愛，只要你是真心誠意的。比如去收發室取報紙時，順便就把樓上幾個辦公室同事的信和報刊都帶上了去送給他們；哪位同事工作忙，中午加班，你就主動幫他買午餐；哪位同事病了，下班後晚上打個電話過去問候一下，誠懇地問他是不是需要幫忙，明天能不能上班等。即便同事不需要你的幫忙，你的心意他是會領受的。這樣，你隨時細心地體察同事的需求，時時抱著善意和助人的心態，那麼同事圈子就一定會很快地認同和接受你的。

4、要寬容，要滿足

不必希望一個團體裡的每一個人都認同和接受你，因為人的性情總是多種多樣的，你只需要被大多數人接納和喜歡就足夠了。所以，面對個別人的排拒和冷漠你要寬容，認定它是一種正常現象，並且對他一樣地微笑和處事，至於他對你的態度如何，你沒必要計較。

當你已經被一個圈子裡的大多數人所接納和欣賞，你就已經是融入到這個群體之中了，你要學會滿足。懷著對一切都滿意的心態去面對你的工作和你的同事，你所獲得的就會是更令你滿意的結果。如果一直緊張，甚至有所抱怨，那麼你就不易於融入人群，因為人們總是歡迎那些給他們帶來快樂的人，而不是帶來尷尬和壓抑的人。

14 如何構築更和諧的人際空間

大多數人，無論他是二十五歲，還是四十歲，一旦他們在辦公室裡紮下根來，成為獨當一面的資深職員，他都會失去歡迎新人的平常心。幾名新人的加入，意味著原先各自為政的分工框架又一次被打亂，意味著你有可能離開駕輕就熟的崗位，又一次陷於摸索與探尋之中；意味著僧多粥少的局面更為嚴重，行業內的近距離的競爭會更激烈；意味著自己的創造力和靈感生發的速度再次面臨挑戰和考驗；意味著自己將在時尚領域成為相對落伍者；意味著相對的窘境……面對這樣微妙的局面，作為有涵養有原則的資深職員，如何做出積極主動的姿態，來化解緊張空氣，構築更和諧的人際空間呢？以下幾點經驗也許可以幫助你：

1、克服嫉妒從承認妒意開始

事實上，沒有一名相對而言失去年齡優勢的資深職員，會對「新生力量」不存一點妒意。新人的年齡優勢、體力優勢、思維優勢等等，都令資深職員欣羨不已。問題是如何宣洩這種特定的心理能量。有些資深職員是採取挑剔的態度來掩飾自己的妒意，如挑剔新職員的散漫不拘小節，挑剔他們打扮上的隨意和禮貌上的欠缺，挑剔他們打電話打招呼的方式。現在的年輕職員何其敏感，他們很快會看出這是「老」職員一種無可奈何的妒意，他們會訕笑這種不平衡的心態。

聰明的做法是，承認自己的妒意，並用一種孩子氣的辦法來消解。一家外國的公司建議臂力過人的資深職員與新人掰手腕，來宣洩心理能量，達成初步的和解。這種辦法很奏效，尤其是那些僥倖贏了的資深職員，會在與新人的相處中展現罕有的高姿態，因為他終於找到一個角度，發現自己也有可堪嫉妒的地方。

2、坦然示弱是為「以退為進」

大部分資深職員在面對新人的衝擊時，往往腳下發虛，頭顱卻昂得高高的，在工作領域，一百個不肯示弱。辦公室裡有稚嫩而衝勁十足的新人加入，彷彿給了資深職員一個表現傲慢的機會。

其實這種傲慢有什麼可表現的呢？無非是加深新老兩代員工間的鴻溝罷了。心理學家認為，無論你資質有多老，與那些年輕的「新人」搞關係的祕密在於，不要把自己裝扮成「超人」。相反的，你要坦然示弱，爭取同情及好感。

一位在主管位置上已坐了兩年多的男士，在接待那些面對壓力不知所措的新人時，坦然述及自己當年做見習生的感受：「我還不如你們練達，我失眠、膽怯，恨不能逃之夭夭。直到今天，我在面臨重大決策時，也是徹夜難眠。」這位主管發現，他竟無意中以這種方式，贏得了新人們的心。坦然示弱是「以退為進」的高明做法，有利於打破僵局。

3、慎提忠告才能領受尊敬

沿襲傳統思維方式的資深人士認為，唯有「誨人不倦」，方能提高威信，在新人中爭得受尊敬的空間。放在幾十年前，這種辦法確實靈，不是有「一日為師，終身為父」的說法嗎？忠告越多，唯你馬首是瞻的人越多，這似乎是一種規律。

然而，現在情況似乎發生了變化。如今，當面忠告別人，甚至是當面忠告辦公室裡的「新鮮血液」，多少被視作一種自負或自大的行為。年輕一代已習慣在實踐中成長，對他們而言，世上沒有「先知」，也無所謂百分之百會應驗的「忠告」，無論是成是敗，他們寧願親身領受。

實際上，希望獲得尊敬的資深人士，要牢記這樣一個事實，那就是：年輕一代將他們的自尊心和獨立的決斷能力看得如此之重，這使他們不願意老是處在「被教誨」的位置上。

4、真誠「出讓」才容易挖掘自身的潛力

沒有一位目光短淺的資深人士願意將他嫻熟的業務領地出讓給後來者。他們認為：這是我獲得驕人業績的保障，也是我的「根據地」，

憑什麼「勝利果實」由你來摘？但資深職員易於忽略的事實恰恰是：一旦你只滿足於耕耘「根據地」，事業的「活水」即有可能變成「死水」，惰性與故步自封即隨之出現了。為什麼不真誠地出讓一部分成熟的業務領地，來幫助新手度過最初的茫然無措呢？這種幫助足以讓人銘記一生。而且，從中得益的，亦不僅僅是新人，以及資深人士與新人之間的關係，也包括資深職員的自身挖掘——你以為已天水茫茫，無疆可拓了，但在你交出一部分業務的同時，你不得不揚帆遠航，去開闢「新大陸」。這對於你自身的發展是非常有好處的。為什麼不表現得更瀟脫、更大度一些？

15 度過和同事交際過程中的危險期

和同事相處和交際過程的開始階段是比較容易相處的。在這期間，大家處在渴望進一步交往的階段，都有一種新鮮感，希望盡可能多地瞭解對方，並給對方留下一個好印象，發展雙方的友誼。更有甚者還會「一見鍾情」。但隨著時間的推移，交際範圍和相互瞭解的增加，人們的態度、行為方式和感覺都會有所變化，交際帶來新鮮的快樂和甜蜜，同樣也會引起矛盾衝突，潛伏著危險。

那麼，怎樣判斷交際中可能已經存在了危險的因素呢？首先從交際中的個人來說，就是個人對周圍的環境和人已感到很熟悉了，並已瞭解和看到環境和個人的一些缺點和不足，不願再去主動注意與瞭解

環境情況和交際對象的思想要求，開始有一種煩躁不安的感覺。這時，交際中的個人對交際環境和交際對象懷有某種無所謂的批判情緒，甚至想逃避的敵視情緒。不論處於交際的什麼時間，只要你有這些表現和感覺，你大概已處於交際的危險期之中了。

其次是交際對象態度的變化。在交際的開始階段，大家對你會有一種友好的關照和信任，有什麼話可以不迴避你，工作上尊重你的意見，即使不同意也會耐心地解釋，每天見面時總要打個招呼。但過了三、四個月或六、七個月後，則不再這樣，首先是對你的詢問少了，甚至每天見面了也不太樂意打招呼。許多事不再當著你的面商量或交談，而是迴避。有時你會發現你出去一會兒再返回你上班的地方時，發現大家正聚在一說話，見你來了則忽然停下來，然後慢慢散開。如果出現這種情況，那就說明你的交際過程已處於相當危險狀態。在這個階段，你可能會從一個或兩個人口裡聽到這樣一類話：你才來不久，在有些地方應該注意一下。或是：大家對你有些事有點看法，說你做得不太好等等提醒告誡的話。

再次就是在交際中出現問題、矛盾和衝突。這時你認為有人不喜歡你，並知道是哪些人，同樣你也不喜歡他們。在言談、工作上較勁，採取不合作態度，甚至發生口角和衝突。這是表示處於交際危險期最明顯的現象。

為了妥善地度過交際危險期，可以參考如下建議：

1、泰然處之

既然危險期來了，就讓它來好了，這是一個必須有的過程和階段，大家都一樣。要做到鎮定自若，在此期間要保持與大家的正常交往，該怎麼做就怎麼做，不要害怕扭捏。與人交往要熱情，盡可能幫助他人。

2、公正待人

對周圍的每一個人都應一視同仁，不能讓感情傾斜。即使看到不同人之間的區別，在態度上也要始終一貫，對上司不要刻意討好，做到不亢不卑。對你願接受和不願接受的人不能表現得「愛憎分明」，盡量做到平衡。不能參與原有的派別之爭，要甘於當一個局外人，做「全方位外交」。

3、避免衝突

直接對抗和公開衝突對交際中個人的形象損害最大，一定要避免，即使別人找上門來跟你「決鬥」，你也要忍辱負重賠笑臉，並迅速轉身走開。羅斯福曾對手下的人說過：「我很少發火，我從不在敵人布下的陷阱上往下跳。」

4、把主要精力用在工作上

不要輕易向同事提出什麼要求，埋頭工作，做出成績來以站穩腳跟。這時你可能開始對你應當用更大的精力去盡快完成這些你不太樂意做的工作。同時，也不要對他人的工作指手畫腳、妄加評論。應該專注於你自己的事，有什麼好主意不一定要說出來，但可以做出來。

5、私下交際

在別人不在意、不注意的情況下隨便地談談工作遇到一些情況和工作進展。只談工作，時間一般為三～五分鐘，聽完對方的意見，然後說：「你不說我還真不知道，是該這樣。我該去辦事了。」然後走開。

當你被大家所接受、欣賞，時常有人叫你的名字說一些無關緊要的事的時候，當你認為自己掌握了一些主動權，交際過程變得自如而快樂時，就說明你已經順利地度過了交際危險期。

16 靈活應對生活中的麻煩人、麻煩事

生活中，總有些人相對來說是「難於相處的」或「愛惹麻煩的」。但是，只要我們提升自己的處世技巧，以寬容豁達的態度對待他們，就會減少很多不必要的麻煩和衝突。以下幾種策略可供參考：

1、面對固執的人，表示贊同

一天，一位女商人在市中心登上一部出租車。當時交通繁忙，她因為要趕搭火車，便向司機提議走另一條路線。哪知司機嚷道：「我開車十五年了，難道不知道哪條路好走！」

那女士分辯說自己無意得罪他，但司機卻繼續叫嚷。她明白司機太激動了，很難跟他講道理，於是另出奇謀。「你說得對，」她對司

機說，「我竟然以為你不曉得穿過市區哪條路最好走，我真笨。」

司機感到錯愕，從後視鏡中看了她一眼，神色狼狽，然後把車轉進她剛才提議的路。到達車站時，她剛好來得及趕上火車。「一路上他沒有再說話，」她告訴朋友，「待我下車付錢後，他才開口說聲謝謝。」

要是你遇上像這位出租車司機那樣的人，你會有一種不可抗拒的衝動，想堅持己見，結果就會導致爭議不休。友誼受損，喪失事業機會或破壞婚姻。要想避免任何衝突或麻煩演變成不可收拾的大禍，辦法也很簡單，關鍵是你能否設身處地，看看對方所說的話有哪些是有道理的，然後表示贊同，那就會令你有意想不到的結果。

2、面對煩躁易怒的人，採取啟發和等待的態度

史蒂夫的十四歲兒子亞當，幾天來都很煩躁易怒。史蒂夫問兒子為什麼這樣，亞當總是一句頂過來說：「沒什麼！別管我！」然後悻悻然走回自己的房間。

我們都見過這樣的人。他們有困難時，便悶悶不樂或行為乖戾，

不發一言。遇到這種情況，史蒂夫要先問問自己，為什麼亞當不肯說出真相？兒子可能是為了學校發生的事而擔憂，或者他是在生父親的氣，但又不敢明言，害怕一開口批評，父親便只顧辯白。

史蒂夫可根據這種種可能，在下次跟兒子傾談的時候說：「我注意到你悶悶不樂。我想如果你有問題，就拿出來談談，這或者會有幫助。你或者會覺得很難開口，因為我一向都沒有好好地聽你說話。如果真的是這樣，我很難過，因為我愛你，絕不想令你失望。」

如果亞當仍然不肯說，史蒂夫不妨採用另一種策略。「我很關心你的近況，不過等你的心情好轉時我們再談吧。」這個策略令雙方都能好好地下台。兒子的問題終要說清楚和解決的，現在他不願意說，硬迫他說不會有效果，採取啟發和等待的態度，是比較明智的。

3、對怨天尤人的人，可唯唯諾諾

布萊德現年三十二歲，是個按摩醫生。他最近對我提起有位病人令他很不開心，他說：「我曾問巴利先生：『你的近況怎樣了？』誰知他竟滔滔不絕地訴說他的身世——他的家庭問題和經濟困難，但我向他提出意見，他卻充耳不聞。」

布萊德應該明白，那些事事抱怨的人，通常是不需要別人提意見的，他們只是要人聽他們傾訴，瞭解他們。所以。布萊德可以只是這樣說：「聽起來你這個星期真不容易過。又是待繳費的帳單，又是向你嘮嘮叨叨的人，還有你這個病，當真不是那麼好受。」抱怨的人聽了一般都會牢騷也不發了。所以祕訣是不要提意見。對於他的觀點，你只要唯唯諾諾，就能令他感到好受一點。

4、對待令你為難的朋友，可稍作拖延

麻煩的人並不是經常發怒或者只是抱怨的。有時候他們令人覺得麻煩是因為他們諸多要求。可能你的朋友要出遠門而要求你為他做件差事，令你非常為難。你自己的事情已經夠忙，但你也可能會勉為其難答應他的請求，結果憋了一肚子氣和不快，或者你拒絕的方式不當，觸怒了朋友。對這樣的事，你不知道要怎樣應付才可免傷和氣。

「稍作拖延」是很好的對策。你可以告訴對方要先考慮一下他的請求，然後才答覆。比方說，一位同行打電話給你，千方百計要你到

他的大學去講一堂課。你可以這樣說：「你想到要找我，我真是榮幸。請讓我先查看一下工作簿，稍後再打電話給你。」這樣做你便有時間考慮，萬一要拒絕時，怎樣才不會感到歉疚。假如你決定還是拒絕邀請的好，那麼稍作拖延，便可以有時間想好在回覆電時應該怎樣說。「很感謝你的邀請，」你可以說，「可是我發覺那天我已經定了許多約會，希望你下一次還會給我這個機會。」

17 故意提供朋友幫助你的機會

給予比獲得更令人開心，但讓朋友知道你需要他們也很重要。正如你覺得幫朋友是件樂事一樣，你也應該給朋友幫助你的機會。

有一次，身為作家的布勞德要到另一個鎮去採訪，但他的汽車卻壞了。他的朋友瑪麗自告奮勇，願開將近一百公里的車送他去。可是布勞德不想麻煩她，拒絕了。

布勞德掛上電話時，從瑪麗的聲音感覺到她似乎十分失望。從那時起，他們的友誼冷淡了下來。

後來，有一天布勞德打電話給她，說：「我將要去度假，但不知如何處置我的貓。」「讓我來照顧牠吧。」瑪麗熱切地自願幫忙。這

一次，布勞德滿懷感激地接受了她的好意。此後，他們的友誼加深了。這個經驗使布勞德體會到有句話說得一點沒錯：「如果你想某個人成為你的朋友，請他幫你一個忙就行。」

這是一個激烈競爭的世界，人們往往只想到自己的需要——而不會想到別人。盡力擺脫這種情況，並且多多替別人設想，那你將成為一個受人珍重的朋友。許多人喜歡向別人「訓話」，他們發表「演說」，別人只能洗耳恭聽。千萬不可如此對待朋友，你要和他「交談」。

著名的人際關係大師戴爾．卡內基指出：「請求對方幫一個忙，不但能使對方覺得自己重要，而且也能使你贏得友誼與合作。」他講述了自己的一次經歷：「初到一個海濱城市，有一次在暮色蒼茫時，我要去一個自己沒到過的郊區。前半段的路線我知道怎麼走，可是下了公車換搭另一路公車時，我怎麼也找不到另一路車的車站。於是，我走到一群正在下棋的當地老人面前，請教他們該怎麼換車到我想去的地方。

沒想到這麼一問效果驚人。他們聽出我是外地口音，而且是在快要天黑時往郊區走，就感到事關重大，於是七嘴八舌地向我指點路線，連我下車後該怎麼走都告訴了我。有一位老人家為了這罕有的機會而興奮不已，站起來要所有的人都不要講話了，他要獨自享受這指示方向的快樂。

因為我要去的地方是一個軍事基地。這些人聽說我和這樣的地方有關聯，倍感能夠有機會給我這樣的人指路非常重要。那位站起來的老人家還放下手中未下完的棋，把我送上了末班公共車。」

班傑明．富蘭克林曾經運用這項原則，把一個刻薄的敵人變成了他一生的朋友。那時，富蘭克林憑著自己的年輕才幹，不但建立了一個小印刷廠，還當選為費城州議會的文書辦事員。可是，他的能幹卻招致議會中另一位同樣有錢又能幹的議員的敵對。這位議員不但不喜歡富蘭克林，還公開斥責他。

富蘭克林覺得這樣的情況非常不利於自己發展，他決心讓對方喜歡自己，他聽說對方圖書室裡存有一本非常稀奇而特殊的書，就寫給他一封便箋，表示自己非常希望借來一閱。這位議員馬上叫人把那本書送了過來。過了大約一週，富蘭克林把那本書還給議員，並附上一封信，表示非常感謝。

以後在議會裡相遇的時候，這位議員居然一反常態，跟富蘭克林打起了招呼，並且很有禮貌。自那以後，他隨時都很樂意幫富蘭克林。他們二人成了很好的朋友，一直到他去世為止。

富蘭克林是二百多年前的人了，而他所運用的心理方法，也即請求別人幫忙的心理方法，對現代人來說都還非常有效。

18 欲求人辦事要先深入瞭解對方

在生活中，我們時常要求人辦事。要想與對方順利辦事，必須深入瞭解交際對象，瞭解對方的性格、身分、地位、興趣，然後投其所好，避其所忌，攻其虛，得其實，這樣辦起事來才能進退自如，成功有望。做不到這一點，就容易把本該辦成的事搞砸。

1、不能忽視對方的身分地位

無論在哪個國家、什麼時代，人們的地位等級觀念都是很強的。對方的身分、地位不同，你說話的語氣、方式以及辦事的方法也應有異。如果不明白這一點，對什麼人都是一視同仁，則可能會被對方視為無大無小，無尊無賤。尤其當對方是身分地位比你高的人，會認為你沒有教養，不懂規矩。因此他不喜歡聽你的話，不願幫你的忙，或者有意為難你，這樣就可能阻礙了自己辦事的路子，使所辦之事遇到障礙。

聰明人都是懂得看對方的身分、地位來辦事的，這也是自己辦事能力與個人修養的體現，平常我們所說的「某某人很懂人情事故」，很大程度上就是體現在「見什麼人說什麼話」的才智上。這樣的人不僅受領導人的器重，當同事的也不討厭他，這樣，他們辦起事來就比較容易。

2、看準對方的性格，投其所好

人各有其情，各有其性。有的人喜歡聽奉承話，給他戴上幾頂「高帽」，他就會使出渾身力氣幫你辦事；有的人則不然，你一給他戴「高帽」，反而引起了他敏感性的警惕，以為你是不懷好意。有的人剛愎自用，你用激將法，才能使他把事辦好；有的人脾氣暴躁，討厭喋喋不休的長篇說理，跟他說話就不宜拐彎抹角。

所以，與人辦事，一定要弄清這個人的性格，依據他的性格，投其所好，或投其所惡，才會對辦事有好處。

對方的性格，是我們與其辦事的最佳突破口。投其所好，便可與其產生共鳴，拉近距離；投其所惡，便可激怒他，使其所行按我們的意願進行。無論跟什麼樣的人辦事，我們都應首先摸透他的性格，依據其性格「對症下藥」，就很容易「藥到病除」，事半功倍。

3、觀其行，知其心

透過對方無意中顯示出來的態度、姿態，瞭解他的心理，有時能捕捉到比語言表露得更真實、更微妙的內心想法。例如，對方抱著胳膊，表示在思考問題；抱著頭，表示一籌莫展；低頭走路、步履沉重，說明他心灰氣餒；昂首挺胸，高聲交談，是自信的流露；女性一言不發，揉搓手帕，說明她心中有話，卻不知從何說起；真正自信而有實力的人，反而會探身謙虛地聽取別人講話；抖動雙腿常常是內心不安、苦思對策的舉動，若是輕微顫動，就可能是心情悠閒的表現。

懂得心理學的人常常透過人體的各種表現，揣摸對方的心理，達到自己辦事的目的。

推銷員在星期天做訪問，必定會注意受訪夫婦蹺腿的順序。如果是妻子先換腳，然後丈夫跟著換，可認為是妻子比較有權利。只要針對妻子進行進攻，百分之九十可以成功；若情形相反，當然是丈夫比較有權利，這就需要針對丈夫進攻了。透過察言觀色掌握住對方的心理，理解他的微妙變化，有助於我們掌握事態的進展。

4、使對方對你有好感

求人辦事，最重要的一條是不能犯忌，如果犯了所求對象的忌諱，恐怕談成的事也難辦成了。

對性格外向、愛好交際的人，在辦公室與他們的談話，一般不會有什麼副作用，而對性格內向、膽小怕事、敏感多心的人則容易產生副作用。此時，就應當換個環境，在室外、院子裡隨便談心，才容易達到說服的目的。

託人辦事時只一味地談自己的事，並不停地說「請你幫忙，請你幫忙」之類的話，會讓人感到萬分的嫌惡、不耐煩的。假如想把自己的請求向對方說明，就應該先擺出願意聽取對方講話的姿態來，有傾聽別人言談的誠意，別人也才會願意聽你說話。

談話的話題應該視對方的情形而定，再好的話題，若不能符合對方的需要，就無法引起對方的興趣，最好是想辦法引起彼此共同的話題才能聊得投機，然後再設法慢慢地把話題引入自己所要談論的範圍裡。

在日常談話中，一般人都是說些身邊瑣事，這或許想向對方表示親切。在正式交談中，希望你不要把老婆、兒女當作談話的題材，否則總不免給人不務正業的感覺。談話先從政治、經濟等比較嚴肅的題目開始，然後再涉獵到文學、藝術、個人的興趣方面等比較輕鬆的話題。總之，將自己的觀點、見解堂堂正正地公佈出來，使得彼此都能有共同的思想，才是最好的談話。

一個善於託人的人，一定很注重禮貌，用詞考究，不致說出不合時宜的話，因為他知道不得體的言辭往往會傷害別人，即使事後想再彌補也來不及了。相反的，如果你的舉止很穩重，態度很溫和，言詞中肯動聽，雙方自然就能談得投機，託辦的事自然也易辦成。

所以要使對方對你產生好感，必須言語和善，講話前先斟酌思量、不要想到什麼說什麼，這樣會引起別人皺眉頭自己卻還不知道為什麼。那些心直口快的朋友平時要多培養一下自己的深思慎言作風，切不可不看周圍氣氛就脫口而出，那樣會影響到自身的形象和辦事的效果。

19 求人辦事要靈活對待別人的冷遇

在求人辦事的時候，並不總是順利和能夠得到熱情招待的。在備受冷遇的時候，千萬不能灰心氣餒，而是要區別情況，弄清原委，再決定對策。根據實際情況，可選用下列幾種策略：

1、設身處地

對於無意性冷遇，則應採取理解和寬恕的態度。在交際場上，有時人多，主人難免照應不周，特別是各類、各層次人員同席時出現顧此失彼的情形是常見的。這時，照顧不到的人就會產生被冷落的感覺。

當你遇到這種情況，千萬不要責怪對方，更不應拂袖而去。相反，應設身處地地為對方想一想，給以充分的理解和體諒。

2、針鋒相對

遇到有意的冷落要做具體的分析，必要的情況下也可採取針鋒相對的手段，給予恰當的回擊，回擊的方式是多種多樣的。

一般說，當眾給來賓冷遇是一種不禮貌行為，而有意給人冷落那就是思想意識問題了。在這種情況下，予以必要的回擊，既是維護自尊的需要，也是刺激對方、批判錯誤的正當行為。當然，回擊並不一定非直通通地對罵不可，理智的回敬是最理想的方法。

3、抓住對方的要害

與傲者打交道最容易遭冷遇，這時也可採取類似針鋒相對的方法，即以不卑不亢的態度，抓住對方之要害給以指出，打掉他賴以生傲的資本，這時對方會從自身的利益出發，放下架子，認真地把你放在同等地位上交往，例如：一九〇一年美國石油大王洛克菲勒的第二代小約翰．戴．洛克菲勒，代表父親與鋼鐵大王摩根談判關於梅薩比礦區的買賣交易。

摩根是一個傲慢專橫，喜歡支配人的人，不願意承認任何當代人物的平等地位。當他看到年僅二十七歲的小洛克菲勒走進他的辦公室時，摩根並不在意，繼續和一位同事談話，直到有人通報介紹後，摩根才對年輕而且看起來弱不禁風的小洛克菲勒瞪著眼睛大聲說：「喔，你們要什麼價錢！」

小洛克菲勒並沒有被摩根的盛氣凌人嚇倒，他盯著老摩根，禮貌地答道：「摩根先生，我看這一定有一些誤會。我不是到這裡來出售，相反的，我的理解是您想要買。」老摩根聽了年輕人的話，頓時目瞪口呆，沉默片刻，終於改變了聲調。

最後，經由這次交際中，小洛克菲勒就是抓住了問題的關鍵：摩根急於要買下梅薩比礦區，給以點化，進而既出其不意地直戳對方的要害，說明實質；同時也表現出對壘的勇氣和平等交往的尊嚴，使對方意識到自己應認真地平等地交往，交際進程就變成了坦途。

20 面對怨恨要有理智

洪應明在《菜根譚》中說：「邀千百人之歡，不如釋一人之怨。」這是強調釋怨的工作比施恩的工作更重要。一人之怨不及時化解，會影響許多人，甚至會壞了大事。

春秋時，宋鄭兩國交戰。宋軍主帥華元宰羊犒賞三軍。在分羊肉時，忘了替華元駕馭戰車的羊斟，羊斟因此怨恨華元。華元沒有察覺，更沒有做釋怨工作。作戰時，羊斟把華元的戰車駕到鄭軍陣地裡，使華元當了俘虜。

華元本來想犒賞三軍以提高士氣，但處事不細而結怨於羊斟，遭到兵敗被俘的恥辱。這正是「邀千百人之歡，不如釋一人之怨」的生動例證。

在日常生活中，因一些具體問題處理不當而結怨的情況時常發生。如果不及時解決，輕則產生隔閡，影響團結；重則關係破裂，鬧到勢不兩立、兩敗俱傷的地步。俗話說：「冤家宜解不宜結。」如果冤冤相報，恩怨之爭就沒有窮期了。齊桓公重用管仲，可算是以直報怨的範例。

齊襄公死後，兩個異母兄弟公子糾和公子小白分別從魯國和莒國回齊國爭奪王位。管仲是輔佐公子糾的。在回齊國途中曾箭射公子小白，為公子糾剪除競爭對手。但公子小白並沒有死，搶先回到齊國都城臨淄奪取了王位。他就是歷史上著名的齊桓公。結果，公子糾被殺，管仲被囚、送回齊國。齊桓公本來對管仲有刻骨之恨，想殺死他，後來齊桓公聽了鮑叔的勸告，不但沒有殺管仲，還親自出城迎接，任命他為相。齊桓公九合諸侯，一匡天下，成為春秋時代的第一位霸主。這和他不記一箭之仇、重用有治國之才的管仲是分不開的。從這則故

事中可以看出，不念舊惡，著眼於全局和未來，就可以化怨為恩，對工作和事業都將產生積極的作用。當然，要想做到化怨為恩，是需要一定的技巧的。

釋怨不外從兩個方面努力：一是別人有怨於我，不可不忘，也就是說不要斤斤計較，耿耿於懷，必思報復而後快。二是我有怨於別人，要及時做好疏通、化解工作，不能任其發展，使怨恨越積極深。疏通化解工作不外交流思想，消除誤會；如果自己確有缺點錯誤，要主動檢查，承擔責任。

此外，在結怨雙方尋找共同點，求同存異，也是很重要的。先把舊怨放在一邊，雙方為共同的目標和利益進行合作，在合作過程中建新的友誼，這樣舊怨也就自然消除了。

21 消除誤會，融洽彼此的關係

人與人交往，各式各樣的誤會經常會發生。有些誤會本是小事一樁，時間一長也就忘記了。可有些誤會，若不加以說明，會使人牢記在心，如鯁在喉。對於這類誤會，是要設法加以消除的。否則，不僅會影響人與人之間的團結協作，而且對人的身心健康也會發生不利的影響。

造成彼此間誤會的原因頗多。如有時是因為我們把別人一些無特定意義的行為當成寓意深長的行為，以致生出種種誤會；有時是因為傳統的偏見所造成的誤會；有時是因為別人的成見造成的；有時是因為對方搬弄閒話造成的……不一而足。為了消除誤會，融洽彼此的關係，可參考如下建議：

1、心地坦然

俗話說：「平生不作虧心事，半夜敲門心不驚。」誤會總要消除，是非終要定論，只是一個時間問題而已。因此，發生誤會後，不妨坦然置之，即進行所謂「冷處理」。反之，如果感到自己受了莫大冤屈便急忙氣急敗壞地到處辯白，則可能不但得不到同情，反而會有可能讓大家看笑話。

要頭腦冷靜地分析誤會產生的根源，找到癥結之所在。如果責任在自己一方，不妨「有則改之」；如果不在，那也不必著急，有一句諺語說得好：「時間是澄清誤會的明礬」。

2、氣量恢宏

對於那些錯怪自己的人，不要懷有怨恨。因為劍拔弩張、針鋒相對不但於事無補，也許還會節外生枝，造成更大的誤會。應該看到，在多數情況下，誤會的發生總是意味著誤會者與你之間已有某種隔閡，只是這種隔閡未為你所注意，而在一定的條件下，它趨於表面化了。

這時，就需要我們做一些「修補工作」。只要我們能像藺相如正確對待廉頗的誤會那樣，誤會就可能會成為強化彼此友誼的轉機。反之，如果對誤會意氣用事，「以其人之道，還治其人之身」，誤會就很可能成為彼此關係進一步惡化的導火線。

3、對症下藥

消除誤會，可以採取多種方法。比如，可以與對你產生誤會的人平心靜氣地面談，也可轉託其他人作解釋。若這些方法仍不能消除誤會，則可請朋友或上司出面解釋問題。

實際上，由於錯誤的歸因所造成的誤會，倒很容易消除。因為只要事實擺出來，誤會就會煙消雲散。

至於由於別人的成見，乃至惡意的中傷、誹謗所造成的誤會，則對於這種人格的侮辱，應該毫不怯懦，針鋒相對。對於由於偏見所造成的誤會，則不必過於重視。因為能扭轉偏見固然很好，無力改變就隨它去吧！「我行我素」這句話有時還是用得著的。

須知，儘管別的誤會會嚴重挫傷你的情緒，但人的情緒應當為理

智所控制。如果別人的說三道四可以左右我們言行的軌跡，那麼，我們就很難成為生活的強者。而且，在誤會面前消極、退卻，反而會授人以柄，使你更苦惱、更消極，並由此陷入消極情緒和行為的惡性循環之中。

22 在無關緊要的較量中把勝利讓給對方

人人都有自尊心，人人都有好勝心，你要聯絡感情，處處要重視對方的自尊心，因為要重視對方的自尊心，必須抑制你自己的好勝心，成全對方的好勝心。

比方對方與你有同性質的某種特長，對方與你比賽，你必須讓他一步，即使對方的技術，敵不過你，你也得讓對方獲得勝利，但是一味退讓，便表現不出你的真實本領，也許會使對方誤認你的技術不太高明，反而引起無足重輕的心理。所以與他比賽的時候，應該施展你的相當本領，先製造一個均勢之局，使對方知道你不是一個弱者；進一步再施小技，把他逼得很緊，使他神情緊張，才知道你是個能手；

進一步，故意留個破綻，讓他突圍而出，從劣勢轉為均勢，從均勢轉為優勢，結果把最後的勝利讓於對方。對方得到這個勝利，不但費過許多心力，而且危而復安，精神一定十分愉快，對你也有敬佩之心。

不過安排破綻，必須十分自然，千萬不要讓對方明白，這是你故意使他勝利，否則便覺得你是虛偽，他的勝利，也沒有多大興味，這就是你的失敗。所最難的問題，起初你還能以理智自持，比賽到後來，感情一時行動，好勝心勃發，不肯再作讓步，也是常有的事，或者在有意無意之間，無論在神情上，在語氣上，在舉止上，不免流露出故意讓步的意思，那就白費心機了。

從前某顯宦，公餘之暇，喜歡下棋，自負是國手。某甲在他門下做一名清客，有一天與某顯宦對弈，一入手便咄咄逼人，某顯宦知是勁敵，比賽到後來，竟逼得某顯宦心神失常，滿頭大汗。某甲見對方焦急的神情，格外高興，故意留一個破綻。某顯宦發現了，立即進攻，滿以為可以轉敗為勝，誰知，某甲突然出其殺手鐧，贏了棋局，還很

得意地說道：「你還想不死麼？」某顯宦遭此打擊，心中大不高興，立起身來就走。

據說這位顯宦向來著意於修養，胸襟比普通人寬大，但也受不了這種刺激，因此對於某甲，始終不能忘懷；而在某甲呢，還是莫名其妙，因為他始終不懂為什麼顯宦不再與他下棋。

此顯宦力能使某甲富且貴，為了這一點不快，老是不肯提拔某甲，某甲只好鬱鬱不得志，以清客終其身。也許他要自認命薄，誰知是忽略了對方的自尊心，抑制不住自己的好勝心，小過失鑄成了終身的大錯。

在無關得失的比賽競技，總要讓對方一步，這當然不是為了買對方的歡心，作陞官發財的階梯，而在獲得多方面的好感，對於你的一切，多少總有點好處。在無關緊要的較量中要讓一步，你一定會收穫良多。

23 人際交往中要講究保持彈性

人們知道，鬆軟、富於彈性的東西可以避免或減輕物體之間的碰撞或擠壓。人際交往也是同樣的道理。交際中如果能方能圓，帶著一定的「彈性」，就可以緩和彼此的矛盾，消除相互之間的誤會，還給自己留下了慎重考慮、再做選擇的餘地，進而更好地達到交際的目的。

以下是一些典型場合下的「彈性」交往建議：

1、和初次接觸的人交往

因為是初交，彼此不怎麼瞭解，心靈尚未溝通，如果過急地親密，則很容易讓人產生動機不單純或態度輕浮的看法。

生活中有許多人和別人打交道時總是「見面熟」，使人大惑不解，其真誠程度往往大大地打了折扣。相反，如果在初次交往時過於冷淡，又易使人產生你目中無人或深不可測、老謀深算的感覺，使人望而生畏。一般來說，許多人不願與過於「老成」的人交往，因為和這類人交往總得帶著戒備的心理，以防被對方捉弄。所以，在初次與別人交往時，應透過逐步的接觸，視瞭解的程度和可不可交的情況來確定交往的深度和關係的疏密。那種急於求成、匆匆結友的做法，恐怕有點失之慎重。

日常交際實踐中，由於缺乏必要的瞭解就盲目走到一起的人常常受騙上當，釀成終身之恨。尤其是年輕男女，在相互不瞭解彼此的性格、愛好、志向的情況下匆匆成婚而釀成悲劇者，不乏其例。當然，因過於謹慎、過於冷漠而失去交友的良機，也是讓人遺憾的事情。在初次往來時最聰明的做法是讓你的交往帶上「彈性」，有伸縮自由的餘地，這樣就既能把握住良機，又能慎重、充裕地來進行往來。

2、和有隔閡的人交往

人與人之間總是難免存在著隔閡，一旦隔閡存在，在交往時必然產生一定的戒備心理。尤其是與那些本來相識甚至是好朋友的人，在發生誤解之後而失去往來又重新打交道的時候，只要有一方在處理關係時有所不慎，都可能引起另一方的高度敏感，甚至使雙方的關係進一步惡化。

所以，和與自己有隔閡的人交往時，一般應既主動接近，又保持適當的距離；既「察言觀色」，掌握對方心理，又不過於敏感、捕風捉影，胡猜亂疑。一切都應處理得從容不迫，富有「彈性」，留有餘地，隨著交往的增多，彼此重新認識並意識到過去的誤解或認識上的差異，那麼，雙方的隔閡或誤解就會自然消除。

3、在一些特定場合下的交往

有些場合的交往也需要講究點「彈性」，比如在公關活動中，在商業、外交談判中。這些特殊的交往如果不講究「彈性」策略，就會操之過急或失之偏頗，一般來講，在公關活動中，公關的目的是為了盡最大努力樹立自己美好的形象、擴大知名度、贏得別人的信賴，進而更好地進行交往。

在這種場合下，交往既應實事求是，又應維護自己的形象或所代表機構的聲譽，如果一味趾高氣揚、自大吹噓，不僅敗壞了自己的形象，公關也會化為泡影。反之，一味卑躬屈膝，「謙卑」十足，也同樣讓人倒胃口，容易產生不屑與你交往的想法，所以公關活動有方法、技巧可言，「彈性」公關就是其中之一。

同樣，在商業、外交談判中也存在同樣的問題，雙方既是競爭對手，又是合作夥伴；既可能是敵人，也可能是朋友，在這種情況下的交往，就是要在雙方既矛盾又統一狀態中，尋找雙方都需要和樂於接受的東西。這就需要「彈性」策略，既把關係處理得鬆緊適度，易於迴旋，既能保證不增加衝突，又便於進一步增進聯絡、加強合作。

4、在特定情形下的交往

人們進行交往總離不開語言。而有些特定語境使人們在言語交際中不可把話說得太肯定、太絕對，而應該靈活多變，可上可下，可寬可窄，可進可退，這也需要在言語交際中帶上一定的「彈性」。這樣，有利於自己掌握交往的主動權。

在交往中時常會遇到這種情況，比如別人要你對某事談談看法，而你一時又沒有完全的把握，你不如利用或然判斷的不確定性，用「也許、或許、可能、大概」等詞語來表述你的看法，為自己留下機動的餘地。尤其是在複雜多變的情況下，如此表態有滴水不漏之功效。

另外，也可以利用一些詞語的寬泛性和模糊性使話語帶上彈性，比如某男女相愛，別人問男方對女方有何印象時，男方如果不願以實相告（這種情況多出於保密或性格內向等情況），不妨可以說：「我對她整體印象是深刻的。」這裡，印象一詞語義寬泛而模糊，「深刻」也沒有什麼量的明確界限，這樣便使自己的態度帶上了「彈性」，為日後進一步交往留下了迴旋餘地。

「彈性」策略在交際中的運用是十分有效的，只要你掌握了「彈性」交往的規則和技巧，你就會在與別人的交往中游刃有餘，輕鬆愉快。

CHAPTER 3

能屈能伸，以退為進的高明處世策略

古今中外做出傑出成就或闖出轟轟烈烈事業的人，常常是那些能屈能伸的人。在現實生活中，屈，就是放下架子，善於讓步和妥協，採取一種「水往低處流」的謙恭態度；伸，就是高高昂起頭，維護自己的尊嚴和權益，表現一種「捨我其誰」、當仁不讓的氣概。向前衝固然重要，但也要知道適時向後退，不要「不撞南牆不回頭」，關鍵是要知道什麼情況下採取什麼樣的策略。

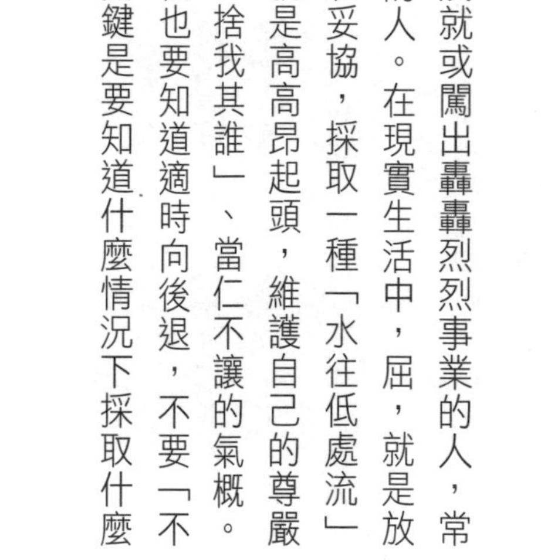

01 以退為進是一種高明的處世策略

我們在談到做事之道時，更多的時候是強調要有一種勇往直前的精神，一種積極進取的精神。但是，有時候，一味地硬衝硬打，未必是一種最好的方法，以退為進也是一種高明的處世策略，能進能退也是一種做事能力。

美國前總統克林頓跟陸文斯基的那場風波曾鬧得沸沸揚揚。我們可以想一想，當克林頓與陸文斯基的事情東窗事發，克林頓如果死不承認，採取死撐著的態度，這也是一種選擇。當著全世界人的面，堂堂的美國總統承認自己的醜事，這是多讓人難為情的事情啊！但克林頓聰明之處就在於，他採取了一種以退為進的策略，承認了自己的錯誤。這麼做，其實是將包袱扔給了所有的美國人：「我已經承認了我自己的錯誤。你們有權利讓我下台，你們也有權利讓我繼續留在總統的位子上；對一個已經承認錯誤的人，你們就看著辦吧！」說克林頓「死豬不怕開水燙」也好，說他狡猾也好，但最終是他勝利了。

同樣是美國總統，當年甘迺迪在競選美國參議員的時候，他的競選對手在最關鍵的時候，輕易地抓到了他的一個把柄：甘迺迪在學生時代，因為欺騙而被哈佛大學退學。這類事件在政治上的威力是巨大的，競選對手只要充分利用這個證據，就可以使甘迺迪誠實、正直與道德的形象蒙上一層陰影，使他的政治前途黯然無光。

一般人面對這類事情的反應，不外是極力否認，澄清自己；但甘迺迪很爽快地承認了自己的確曾犯了一項很嚴重的錯誤，他認為：「我對於自己曾經做過的事情感到很抱歉。我是錯的，我沒有什麼可以辯駁的餘地。」

甘迺迪這麼做，等於說他已經放棄了所有的抵抗，而對於一個已

經放棄抵抗的人，你還要跟他沒完沒了嗎？如果對手真的繼續進攻了，顯得對手沒有一點風度。所以，我們應記住一個基本原則：一個人既然已經承認錯誤了，那麼你就不能再去攻擊他，再去跟他計較。

無論是克林頓還是甘迺迪，他們都沒有因為有過劣跡而受到重大的傷害；相反的，他們還都將它轉變為了一個樹立良好形象的契機，這從甘迺迪後來當選總統和克林頓的事情完全披露後，支持率反而上升就可以得到證實。他們承認自己有過錯誤，就已經將自己人性化了：他們和平常人一樣，也會犯錯；同時，承認自己有罪，贏得人們的同情。而別人這時也樂得做順水人情。這就是會做人者的一大優勢。

的確，疾風知勁草，人須有傲骨。面對險惡的局勢，人應當有一種寧為玉碎、不為瓦全的精神。這種不達目的誓不罷休的、視死如歸的精神我們自應提倡；但是，客觀世界是複雜多變的，就某個具體的事情來說，也有其時、勢的問題，在某些特定的時間裡、環境下，採取以退為進的方法，也是一種積極的做事策略，而並非是消極退讓。

02 做人要敢於表達自己

做人應該圓滑些，不能處處樹敵。但是，總是順著人是很危險的，這同時也無助於營造出和諧順利的人際關係。在人際交往中，要敢於表達自己的不同見解。不要太多禮節，太多自責以及過多的謙讓。

對許多人來講，對別人的無論什麼要求或命令都採取同意、順從的態度，已成了一條鐵律。他們不願讓別人失望，害怕因此激起請求者的惱怒和怨恨：他們希望經由「百依百順」、「有求必應」，來塑造和維護自己的「好人」與「能人」的形象：他們覺得「不」是一種排斥和否定，若是與人和平相處，「不」就是一個禁忌。長久如此，他們不僅不說「不」，而且想說時，也不知如何去說。

是否一味地迎合、滿足他人的要求，就能營造出和諧順利的人際關係呢？當然不是。由於不能拒絕而言不由衷地說「是」，事後一方面會為勉強承諾而自陷困擾——接受你並不願意去的邀請；買一些你根本不需要的商品；陪人毫無趣味地聊天；忍受給你造成許多不便的來訪；做那些違背你的原則的事……這些事你勉力做著，但卻是滿懷厭煩和沮喪地做著，這些厭煩、沮喪會損害你的人際關係。另一方面，你會因此而在生活的大部分時間裡都感到煩惱、失望和內疚，你感覺無力主宰自己的生活，你生就一副虛偽的面孔，說著連綿不斷的謊話，你的形象是如此蒼白可憐，以這種形象去與人交往，你又怎能為人所愛呢？

有的時候，明知不能辦到卻應承下來，浪費了自己大量的時間與精力卻無濟於事，很容易招致朋友的惱怒，因為你誤了人家的事。

以下是交際高手的幾種親身體會：

1、不要太多禮節和客套

人際交往應當注重禮貌，尤其是初結識的朋友。然而過度的客氣

往往像一道無形的牆，隔斷雙方的進一層交流。人之相知，貴在知己。當人們經過初步的交往後，要省去太客氣的稱呼，略掉太客氣的種種規矩，坦然表露自己的所思、所感、所求。這樣，對方就會覺得你完全是用「自己人」的態度對待他。這樣，雙方的交往才能變得融洽無間。「你要人家怎麼對待你，你就應當怎樣對待人。」這句交友格言提醒我們：如果老是把對方當成客人，那對方也不會把你當成親近的自家人。

2、不要太多自責

對交際中的失誤常作自責，以便及時糾正，當然是好事。但自責太多也無疑是因噎廢食，作繭自縛。

曾有個在這方面失誤的人這樣講道：「前些年，因工作需要，我常參加一些年終評審、成績考核之類的會議。我發言時，是好的，便盡力擺出其各種成績；是差的，便頗為尖銳地指出其不足。會終人散之時，我常常會自責：用詞太過，評論太偏。繼而擔心傳到當事人那裡，這樣一來，便有惶惶然不可終日之感。我便下決心以後不在這類會議上說話了，此後在別的一些討論會上也緘默不言了。就這樣，我陷入了交際的失誤。後來，讀了一些有關交際的論著，看到一位專家的提醒，對交際中的失誤，不要抱愧不已，自責不止。要知道，任何人在交際中都會或多或少有失誤，即使是有名望的領袖人物，有時也難免。當你自責不已時，過不了多久，那些與會的人士或許對你在會上的失誤早已忘了。更何況，當你下次以新的面貌出現在交際場合，對以往的失誤一一糾正時，大家都會對你刮目相看。」不要沉湎於一時一事的失誤，不要過多的自責，下決心糾正就可以了。

3、不要太謙讓

謙讓，是一種好品質。但在社交活動中若謙讓太多，常會使很多鍛鍊機會失之交臂。

有一位極善交際的朋友介說，他透過頻繁的社交活動獲得的益處數不勝數。他的訣竅是七個字：「『勇』字當頭愛社交。」他認為，人的能力是在實踐中磨煉出來的，看再多的社交書籍而不實踐，社交能力不可能增長。他不斷主動尋找社交活動的機會。公司裡有什麼事

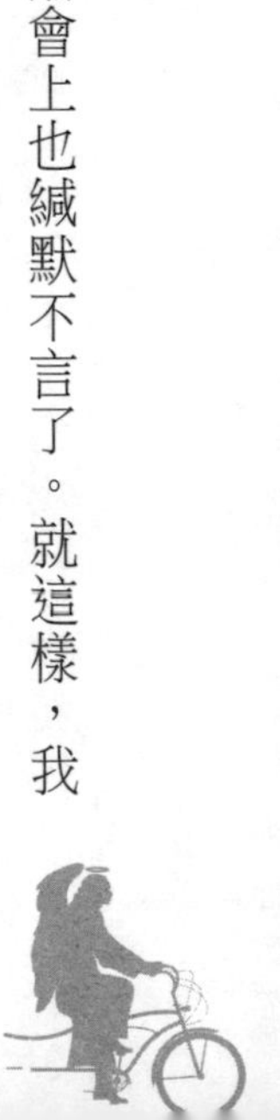

需要與人交涉，遇到什麼重要的接待工作，他會把許多工作攬下來，結果常常把許多事辦得妥妥帖帖；朋友間碰到需要「打交道」的難題，他會急人所急，或出謀劃策，或牽線搭橋，或助人一臂之力……在這些事中，他的社交能力迅速提高。

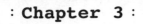

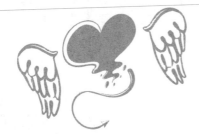

03 忍讓和寬恕須掌握住的限度

與人相處的時候，忍讓和寬恕是一種美德，但是，必須掌握住一定的限度，在無關緊要的小事上不必斤斤計較，但在原則問題上絕不能退讓。一個人如果不敢堅持原則，以犧牲根本的東西來換取一時的苟安，他也就失去了做人的尊嚴和價值，在人們的眼中，這樣的人只能是窩囊無能、懦夫的形象，只能是個「受氣桶」的形象。

俗話說：「吃柿子撿軟的捏。」人們發火撒氣也往往找那些軟弱善良者。因為大家都清楚，這樣做並不會招致什麼值得憂慮的後果。在我們身邊的環境裡，到處都有這樣的受氣者，他們看起來軟弱可欺，最終也必然為人所欺。一個人表面上的軟弱，事實上助長和縱容了別人侵犯你的欲望。

我們要知道保持勇氣的重要，不要過分抬高他人，以至對之心懷敬畏。沒有誰能超越人性的局限。領導人只是職位比別人高些，權威只是一種地位帶來的表面力量而已。

其實，為了保障自己必要的權利，人是應該有一點鋒芒的，雖然不必像刺蝟那樣全副武裝，渾身帶刺，至少也要讓那些兇猛的動物們感到無從下口，得不償失。如下一些建議可供參考：

1、下不為例，事不過三

所謂「事不過三」，說的是人們對同一對象的寬容和忍讓，可以一次、兩次，但絕不可一退再讓。忍讓到一定份上，必須有所表示，使對方真正認識到，你的退讓不是一種害怕和無能，而只是出於一種大度，進而不再繼續下去。

經常有一些這樣不識好歹的人，他們為所欲為，得寸進尺，把同事及其他人的忍讓當成是好欺負，可以佔便宜，因此一而再，再而三地步步緊逼。對待這種人，在經過幾次忍讓之後，看清了其真面目，

則不應再忍讓下去，可以適當地給對方一點顏色看看，並經由正當的方式勇敢地捍衛自己的權利。當然，這種曉之以厲害的方式和途徑，可以是多種多樣的，但目的都是一個，就是讓對方瞭解自己真正的態度。

2、對方得寸進尺時，不可再忍

有些人在侵犯別人的某種利益和權限之後，由於對方採取了忍的態度，使之得逞。可是，這種人在得逞之後，發現了新的目標、新的利益，進而刺激了其利慾，以至於使原來的行為轉化為另一種難以接受的事情。這時，作為當事人，便不能依然保持一種忍的態度，而必須隨著事物性質的變化而考慮予以反擊和抵抗。

這種情況之所以會經常發生，就在於那些不識好歹的人常常會由於得到某些不公正的利益之後，使自己的行為在惡性膨脹了的邪念驅動下，由一般的越軌而發展為犯罪。如果是這樣，我們便不可再一味地忍讓下去了。

3、自己瀕臨「絕境」時，不能再忍

忍無可忍的情況通常出現在一些公共場合之中。有些人以為別人也不認識自己，而且以後彼此間很難還會有相遇的時候，因而處於一種匿名者的狀態中。這種狀態往往使人在一定程度上擺脫過去所承擔的某些義務和責任，也會不同程度地放鬆良心對自己的約束，因而發生和做出一些不道德或是過分的行為舉止。例如，在火車上、在公園裡、在公車裡等等的明目張膽的盜竊。而有意思的是，在這種公共場合中，有些人也常常抱著一種大事化小，小事化了，盡量少惹麻煩的心理，對於一些過分的、帶有攻擊性的行為持忍的態度。這樣，一方是咄咄逼人，另一方卻又是息事寧人，很容易造成一種有利於某些人不斷膨脹其侵犯心理的環境和條件。但也恰恰是在這種情況下，因為有些人肆無忌憚地一意孤行，所以很容易地把人們逼到「絕境」，以至於產生了一種忍無可忍的心理。

成熟的人懂得：要保持自己的骨氣，把自己的刀劍插入刀鞘，但需要自衛時要毫不猶豫地拔出來。既然已經躲不過去了，還不如趁早解決的好。

4、有理、有利、有節地對待得寸進尺的人

在生活中遇到得寸進尺的人時，為了免遭傷害或損失，具體該怎麼辦呢？人際交往專家提出了下面的幾點建議：

♣劃清界限，該讓的大方地讓，該爭的堅決地爭。所謂劃清界限，就是要劃清爭執、糾紛的問題是原則性的，還是非原則性的。對非原則性的問題，可以講忍讓，講寬容，不去計較。對原則性的問題，特別是重大的原則問題牽涉到個人的根本利益的問題（政治的、經濟的、道德的），則應當旗幟鮮明，寸步不讓，爭個一清二楚。

在重大的是非問題上，任何退讓都是對歪風邪氣的支持和縱容。一般的經濟利益的糾紛，為求得爭執和糾紛的順利解決，適當的讓，仍然是可取的；但讓到一定程度後，如果對方仍然得寸進尺，就不能一讓再讓，而應據理力爭，求得公平合理的解決。

♣講究方法，合理合法、有理有禮有節地去爭。與得寸進尺的人打交道，往往是「秀才遇到兵，有理說不清」。所以爭的時候應透過

一定的組織，依照一定的行政、法律程序。這樣做，一是中間有仲裁者，二是判斷是非有客觀依據（政策、法律、規章制度等）。有的人出於對得寸進尺者的義憤，往往一時感情用事，做出一些喪失理智的事情，或「以眼還眼，以牙還牙」，說了過頭的話，或動手動腳，做了違法的事，有理反而變成了無理，這是特別應該警惕，應該避免的。

講究方法，做到合理合法、有理、有利、有節是非常必要的。

♣把「仇話」說在前頭。與得寸進尺者打交道，最好預先採取適當措施，避免爭執或糾紛的發生。對可能發生爭執的事情，可事先講清楚；可能發生權益糾紛的，可事先透過中間人訂立「協議」、「合約」之類的東西，把雙方的權利、義務及遇到問題的處理方法寫清楚，到時「照章辦事」就行了。

04 根據對方實力採取相應對策

多項研究發現，超過半數的學齡兒童經歷過恃強欺弱行為。歐洲一項研究顯示，在學校裡欺負別人的孩子，在家裡也可能欺負兄弟姐妹。反之亦然。然而，這種行為並非孩子獨有的。

研究發現，約三十%的美國人曾被上司或同事欺負過。專家表示，恃強欺弱可以被定義為「矛盾的升級」，通常都是逐漸累積所致，而欺負他人的目的是為了獲得地位和權力。

欺弱怕強是一切天物的特徵，恃強凌弱也是一切天物的特徵。這兩個特徵用在人性方面沒有錯，用於評判國與國之間的關係同樣可以成立。

比如美國。二百年前它是西班牙、英國的殖民地，是弱國，獨立後，它強大起來吞併了三十餘州，成立了美利堅合眾國，從此它經濟實力增強，敢於向國外擴張，也敢於向鄰國與歐洲宣戰了。尤其趁第一第二次世界大戰空隙，它大力發展自己，走上了強國行列，繼而成為二戰歐洲盟軍首領，聯合國的倡導者，收降日本的大地主，特別是擁有了全世界第一枚原子彈之後，美國勢力幾乎沒有任何國家敢與之直接主動挑釁，即便是史達林這樣的自負領袖，對美國也是隱忍不發。

美國獨立二百年來，本土上沒有遭遇過焦土戰爭，所以美國是一百年翻身，一百年強盛，還將一百年耀武揚威。所以美國今天可以在全世界盛氣凌人，恃強凌弱，特別是消除了前蘇聯的抗衡之後，美國就更加恣意妄為了。

美國這種做法雖然有不夠道德的一面，然而，對於我們立身處世卻有很多啟示——至少我們可以從中悟出這樣的道理：弱小就被動，弱小就容易被欺負。因此，要努力提高自己的實力。在具備了一定實力的基礎上，還要看對手的情況，在決定自己的處世策略。

一位管理大師說：「遇強則弱，遇弱則強。」是一種高明的處世策略。人不太容易去改變自己條件的強或弱，但卻可以以示強或示弱的方式，為自己爭取有利的位置。

「遇強則示弱」的意思是：如果你碰到的是個有實力的強者，而且他的實力明顯高過於你，那麼你不必為了面子或意氣而與他爭強，因為一旦硬碰硬，固然也有可能摧折對方，但毀了自己的可能性卻很高，因此不妨示弱，好化解對方的戒心。

以強欺弱，勝之不武，大部分的強者是不做的。但也有一些富侵略性的「強者」欺負「弱者」的習慣，因此示弱也有讓對方摸不清你虛實，降低對方攻擊有效性的作用，一旦他攻擊失效，他便有可能收手，而你便獲得了生存的空間，並反轉兩者態勢，他再也不敢隨便動你。

至於要不要反擊，你要慎重考慮。因為反擊時你很可能也會有損

傷，這個利害是要加以評估的；何況還不一定可擊敗對方，即使兩敗俱傷也是得不償失的。

「遇弱則示強」的意思是：如果你碰到的是實力比你弱的對手，那麼就要顯露你比他「強」的一面，這並不是為了讓他來順從你，或滿足自己的虛榮心或優越感，而是弱者普遍有一種心態，不甘願一直做弱者，因此他會在周圍尋找對手，好證明他也是一個「強者」，你若在弱者面前也示弱，正好引來對方的殺機，徒增不必要的麻煩與損失。

示強則可使弱者望而生畏，知難而退。所以，這裡的示強是防衛性的，而不是侵略性的，而侵略也必為你帶來損失，若判斷錯誤，碰上一個「遇強示弱」的對手，那你不是要很慘嗎？

人性叢林裡沒有絕對的強與弱，只有相對的強與弱，也沒有永遠的強與弱，只有一時的強與弱。因此強者與弱者，最好維持一種平衡、均勢，國與國之間不易做到此點，但人與人之間卻不難做到，只要你願意，也不論你是弱者或強者，「遇強示弱，遇弱示強」只是其中一個方法罷了。

05 寧可吃虧忍讓也不要兩敗俱傷

一位搏擊高手參加錦標賽，自以為穩操勝券，一定可以奪得冠軍。出人意料的是，在最後的決賽中，他遇到一個實力相當的對手，雙方竭盡全力出招攻擊。當對方打到了中途，搏擊高手意識到，自己竟然找不到對方招式中的破綻，而對方的攻擊卻往往能夠突破自己防守中的漏洞，有選擇地打中自己。比賽的結果可想而知，搏擊高手慘敗在對方手下，也失去了冠軍的獎盃。

他憤憤不平地找到自己的師父，一招一式地將對方和他搏擊的過程再次演練給師父看，並請求師父幫他找出對方招式中的破綻。他決心根據這些破綻，苦練出足以攻克對方的新招，決心在下次比賽時，打倒對方，奪取冠軍的獎盃。

師父笑而不語，在地上畫了一道線，要他在不能擦掉這道線的情況下，設法讓這條線變短。

搏擊高手百思不得其解，怎麼會有像師父所說的辦法，能使地上的線變短呢？最後，他無可奈何地放棄了思考，轉向師父請教。

師父在原先那道線的旁邊，又畫了一道更長的線。兩者相比較，原先的那道線，看來變得短了許多。

師父開口道：「奪得冠軍的關鍵，不僅僅在於如何攻擊對方的弱點，正如地上的長短線一樣，如果你不能在要求的情況下使這條線變短，你就要懂得放棄從這條線上做文章，尋找另一條更長的線。那就是只有你自己變得更強，對方就如原先的那道線一樣，也就在相比之下變得較短了。如何使自己更強，才是你需要苦練的根本。」

徒弟恍然大悟。

師父笑道：「搏擊要用腦，要學會選擇，攻擊其弱點，同時要懂得放棄，不跟對方硬拚，以自己之強攻其弱，你就能奪取冠軍。」

在獲得成功的過程中，在奪取冠軍的道路上，有無數的坎坷與障礙，需要我們去跨越、去征服。人們通常走的路有兩條——一條路是學會選擇攻擊對手的薄弱環節。正如故事中的那位搏擊高手，可找出對方的破綻，給予其致命的一擊，用最直接、最銳利的技術或技巧，快速解決問題。

另一條路是懂得放棄，不跟對方硬拚，全面增強自身實力，在人格上、在知識上、在智慧上、在實力上使自己加倍地成長，變得更加成熟，變得更加強大，以己之強攻敵之弱，使許多問題迎刃而解。

在生活中，不懂得採用適當放棄和忍讓的人往往會吃大虧，或者造成「兩敗俱傷」的結局。這是真正的聰明者所要極力避免的。

06 以積極的態度對待上司的批評

古人云：「人非聖賢，孰能無過？」任何人都有可能犯錯誤，自覺或不自覺的。

初涉社會時作為下級人員，工作中出現了差錯而被上級批評，是經常發生的事情。雖然良藥苦口利於病，忠言逆耳利於行，但多數人是很難以積極的態度對待批評的。

卡內基透過多年的觀察、研究表示，任何教訓、指責，都會使人感到傷了自尊而處於自我防衛狀態，並且往往會激起他極大的反感，促使他竭力為自己辯解。可以說，聞過則喜者少。喜表揚，惡批評，是一種普遍存在的心理現象。

那麼，一個明智的下屬，應當怎樣對待上級的批評呢？如下建議可供參考：

1、強化組織觀念，提高思想認識

在組織系統中，領導者對下屬有著法定的監督、控制、指導等權力。當下屬出現與組織的統一運作相背離，或不協調、有誤差的行為時，領導人有責任對其進行批評指正，這是毋庸置疑的。如果任其而為，那就是領導者的失職。他就會因此而受到更上一級領導人的批評、懲處。所以說，領導者是在履行職責，是對事不對人。作為下屬應當具有這種起碼的組織觀念，被批評時，不應有對方是故意找自己的碴、跟自己過不去的想法。這種想法不但於改正錯誤無益，還會形成牴觸情緒，影響與上級的正常工作關係和彼此感情。

2、進行換位思考

當上級批評自己時，如果感到難以接受，這時換個位置，設身處地地從領導者的角度考慮一下：「如果我是領導人，會怎樣對待犯了這種錯誤的下屬？能夠喪失原則、放任自流、姑息遷就嗎？」這樣一來，往往就會心平氣和了，就會正視自己的缺點錯誤了。只是局限於自我的角度考慮問題，常常會感情用事，陷入狹隘、偏執、片面的泥潭難以自拔。實際上，對於許多問題的思考，適時轉換思維角度，會進入別有洞天、豁然開朗的境界。

3、不要過於計較上司的批評方式

英國學者帕金森說：「即使在私下，不破壞和諧融洽氣氛與親密合作的批評都是很難做到的。」批評確實是件不容易掌握的事情，既要對方認識到錯誤的危害性，又要做到不傷其自尊，欣然接受之，還要以此增進雙方的信任感，往往很難同時做到這一切。由於每個領導人的工作方法、修養水準、情感特徵各不相同，對同一個問題的批評方式，就會表現出明顯不同的差異。和風細雨式的批評好接受，而疾風驟雨式的批評就讓人難以忍受。

然而，作為下級，不可能去左右上級的態度和做法。應當認識到，只要上級的出發點是好的，是為了工作，為了大局，為了避免不良影響或以免造成更大的損失，為了幫助你、挽救你，哪怕是態度生硬一些，言辭激動一些，方式欠妥一些，作為下級也要適當給予理解和體諒。如果不去冷靜反思、檢討自己的錯誤，而是一味糾纏於領導人的批評方式是否對頭，甚至當面頂撞，只會激化衝突，更加有損於自己的形象。

4、不可推卸責任

有了錯誤，給工作造成了損失，不從自身找原因，強調客觀，極力推諉，是最為愚蠢的做法。不管客觀情況怎樣，你畢竟是當事人。也許對你的批評有些過頭，讓你承擔的責任有些過重，但隨著調查的深入，情況的進一步明瞭，是非曲直終會澄清的。

一開始就急於為自己辯白、解脫，結果會適得其反，給人以避重就輕、逃避責任的印象。恰當的做法是：接受批評，並積極著手解決造成的不良後果。之後，當上級進一步調查原因時，認真配合，逐步弄清真相。這樣，你該承擔什麼責任，他人該承擔什麼責任，什麼是客觀不可避免因素，終會有個公正的結論。要知道，任何問題的處理都要有個過程，應當學會耐心等待，否則，往往是欲速不達。

5、知錯即改

從錯誤、失敗中汲取教訓，及時改正，這樣的下屬會很快得到領導人的諒解和尊重，以及同事的讚許。據心理學家觀察，當人們看到犯了錯誤的人痛心疾首、懊悔自責的態度，並且竭盡全力去改正時，大都會因此而生惻隱之心，減輕對其錯誤的譴責和反感心理，同時還會給予熱情的關注和由衷的幫助。這樣一來，也許會成為你人生轉折的一個契機。很多人就是在栽了一次跟斗後，幡然悔悟，由此得到了上司、同事和親友的信任幫助，從此走上自強自新之路的。應當看到，化被動為主動，變不利因素為有利因素，事物就會向著好的方向轉化。

6、千萬不可消沉

犯錯誤終歸不是件愉快的事情，所以多數人的反映是悔恨不已。心理素質健康的人，能夠很快振作起精神，進行積極的自我調適，重新開始起步，以努力工作來洗刷過失。但是一些性格內向、自尊心過強、敏感多疑、對挫折耐受力低的人，會把問題看得過於嚴重，擔心別人會看不起自己，上司今後也會用「有色眼鏡」看待自己，前途無望了，從此一蹶不振。如果你是屬於後一種類型的人，就一定要嘗試著從這樣幾個方面調整心態：

一是回溯動因。自己確實不是有意而為，上級和同事也已經明瞭這一點，這樣想，往往心理上就會輕鬆、寬慰一些。

二是在與他人的參照比較中，求得自我原諒。人無完人，偉人也會犯錯誤，何況自己乃一個凡人？這樣心裡就會平衡一些，坦然一些。

三是不要把自己看得過於重要，以為別人都在注意你。實際上，每個人都有著以自我為中心的生活領域，是不會為那些與己無關的事過多地操心的。你不是也如此嗎？

四是把這次過失作為一次接受教訓、磨煉意志的機會。勇敢地面對它，深刻地反省自己，重新振作起來，力爭做一個生活中的強者。

五是爭取上司和同事們的諒解和幫助。把批評看作是對自己的關懷和提醒；主動與上司和同事交流思想、徵求意見，會使他們盡快地改變對你的看法，重塑自己在他們心目中的形象。

07 積極的表現欲有助於你更快晉陞

正常的人都有多種欲望。表現欲是人們有意識向他人展示自己才能、學識、成就的欲望。實踐證明，積極的表現欲是一種促人奮進的內在動力。誰擁有它，誰就會爭得更多的機會發展自己，接近成功的彼岸。對於年輕人來說，增強自己積極的表現欲尤為重要。

有位年輕教師新到一所學校時，經驗不足，情況不熟，但是他不自卑，他有強烈的表現欲，自信自己有打開局面的能力。於是，他主動要求擔任差班的班主任，認真備課，上課時非常投入，傾盡全力，因而受到校長和其他老師們的好評。不出半年，他就脫穎而出成為同齡人中的佼佼者。他深有體會地說：「積極的表現欲是個好東西，它

給人自信，給人激情，給人力量，也會給人機會和成功。」

他的話很有道理，值得我們深思。

在現實生活中，有一些人並不這樣看問題，他們對表現欲存有偏見，以為那是「出風頭」，是不穩重、不成熟。所以，不喜歡在大庭廣眾面前表現自己，僅滿足於埋頭苦幹，默默無聞。也有一些很有才華、見解的人，缺乏當眾展示自己的勇氣，遇事緊張膽怯，每每退避三舍。這樣一來，他們不但失掉了很多機會，而且給人留下了平庸無能、無所作為的印象，自然得不到好評和重用。

這些現象從反面告訴我們，表現欲不足無疑是一種缺憾，積極的表現欲應該成為現代人必備的心理。顯然，為了更好地在職場發展自己，應該充分認識到如下幾點：

1、積極的表現欲是增長自己才能的加速器

一般說來，表現欲旺盛的人參與意識和競爭觀念都比較強，他們能以積極的心態看待自己，把當眾表現當成樂趣和機會，主動地尋找表現的場合，甚至敢與強手公開競爭。所以，他們就比一般人多了參

與實踐的機會。比如，在會議上發言，表現欲強的人常常主動發言，談自己的見解。這些見解也許不成熟、不正確，但是他們敢說出來與各種意見相比較，如此不斷實踐，他們的思想和口才就會得到鍛鍊，得到長足的提高。

此外，表現欲強的人通常都注意塑造自我形象，有較高的追求。他們為了當眾塑造良好的形象，必然以此為動力，努力學習，勤奮工作，不斷充實自己，使自己獲得真才實學。

2、積極的表現欲是推銷自己的驅動力

一個有才幹的人能不能得到重用，很大程度上取決於他能否在適當場合展示自己的本領，讓他人認識。如果你身懷絕技，但藏而不露，他人就無法瞭解，到頭來也只能空懷壯志，懷才不遇了。

而有積極表現欲的人，總是不甘寂寞，喜歡在人生舞台上唱主角，尋找機會表現自己，讓更多的人認識自己，讓伯樂選擇自己，使自己的才幹得到充分發揮。從一定意義說，積極的表現欲是推銷自己的前提。在競爭日益激烈的現代社會，缺乏表現欲的人是很難把自己「推

銷」到關鍵崗位上去的。

3、積極的表現欲是贏得機遇的好幫手

表現欲強的人通常交際面廣，認識人多，信息靈通，自然他們的機會就會多些。需要指出的是，表現欲有積極與消極之分。兩者的界限就在於自我表現的動機和分寸的掌握。如果一個人單純為了顯示自己，壓倒別人，爭個人的風頭，甚至做小動作，貶低別人，突顯自己，這種表現欲就失之於狹隘自私，易於令人生厭，使自己成為眾矢之的，那就沒有什麼積極意義可言了。

最後，從表現欲所展現的形式和程度來看，也不能一概而論。比如，外向型性格的人喜歡在公開場合拋頭露面，展示才幹；而性格內向的人則偏愛埋頭苦幹，最終以自己的成果公之於世，贏得成功。應該說，兩者各有千秋。總之，只要具有積極的心態，並選擇與自己性格相一致的表現形式展示自己，參與競爭，就有利於實現自己的人生價值。

08 沒有機會也要創造機會

經常聽到一些人埋怨機會不等，命運不公，總覺得自己碰不到機會。每每看到別人的成功，總是歸結為「運氣好」。實際上，機會對每一個人都是公平的，只是善於把握的人更容易把握住它們而已。

一般說來，凡是成大功、立大業的人，往往不是那些幸運之神的寵兒，反而是那些「沒有機會」的苦命孩子。例如，只用一個划水輪，就發明蒸汽船的富爾頓；只有陳舊的藥水瓶與錫鍋子，就發現「法拉第定律」的法拉第；還有那使用最簡陋的儀器來從事實驗的貝爾，不也是發明了電話嗎？在人類歷史中，沒有一件事比人們從困苦中成就功名的故事更為吸引人了——人們怎樣從黑暗的夜晚達到光明？怎樣脫離於痛苦、貧困之中？他們雖只有中等之資，但由於堅強的意志，不斷地努力而終於達到目的。

「沒有機會」永遠是那些失敗者的遁詞，不信隨便問一個失敗者，他們大多數的人會告訴你：「我之所以失敗，是因為得不到像別人那樣好的機會——因為沒有人幫助我，沒有人提拔我。」他們也會對你說：「好的地位已經額滿了，高等的職位已被霸佔了，所有的好機會都已被他人捷足先登，所以我是毫無機會了。」而真正聰明和傑出的人卻懂得：「沒有機會也要創造機會！」

等待機會從天而降，如果成為一種習慣的話，將是一件危險的事。工作的熱忱與精力，就會在這種等待中消磨殆盡。對於那些不肯工作而只會等待機會的人，機會是可望而不可即的。只有那些勤奮工作的人，不肯輕易放過機會的人，才能看得見機會，也才能抓得住機會。

你或許會認為，機會的「來頭」一定是非同小可的，但實際上，機會往往就在你的日常行事之間。我們壞就壞在對於機會一事眼界太高，欲望太大。往往一心要摘取遠處的玫瑰，反而將近在腳下的菊花踏壞了。我們忘卻了，大事業要從小處著手。

有許多人已經獲得了很好很大的機會，但他們卻還在夢想著發財的、高昇的、更大更好卻又渺茫不可及的機會。當前的機會他們不認識，因為他們心目中的想法另有所屬。在人生的歷程中，我們難免會遇到一些挫折，例如找工作時一直碰壁、或與人相處不洽。總之，使人遭受挫折的因素很多。關鍵在於我們應如何從挫折中掙脫出來？下次該採取什麼行動，才能比別人早些到達目標？

只是坐在椅子上一味煩惱的人，是不會有任何改變的，過去的就讓它過去，重要的是，我們要如何做，才能使自己「明天會更好」？世上的每個人，只要有抓得住當前機會的毅力和能為目標奮鬥的精神，都有獲得成功的可能。但你該牢記，你的出路就在你自己身上。若以為出路是在別處或在別人身上時，那你是注定要失敗的。

誰說沒有機會？一個在木造屋子與草舍茅廬中長大的孩子，日後可以住進白宮裡；在一個陋巷中出身的孩子，可以成為立法者；最貧苦的孩子，可以變成商界鉅子、甚至變成大銀行大財政家……你還要再說沒機會嗎？亞歷山大在攻克了敵人的一座城市之後，有人問他：「假使有機會，你想不想把第二個城市攻佔了？」

「什麼？」他怒吼著：「我不需要機會！我可以製造機會！」

當然，機遇不可能無緣無故地從天而降，也不可能像路標一樣，就在前面靜靜地等著你。機遇具有隱蔽性，它是隱藏著的；機遇具有潛在性，它等待著開發；機遇具有選擇性，它只垂青那些在追求中、在動態中、在捕捉中的人。

這裡有一點十分關鍵：你是被動地等待、消極地等待機遇，還是主動地去追求？等待機遇不像是等班車，時間到車就來，機遇要看你的等待狀況如何。是不是碰上了機遇，是不是捉住了機遇，是不是失落了機遇，是不是再也沒有機遇，這些都是一種現象。而實質問題在於你是否在認真地準備著、在刻意地追求著。

09 善於採取「非常」手段

在某些特殊的情況下，採取「非常」的手段，才容易達成自己的目的。古今中外都有這樣的例子。

畢加索有一陣常常往勃拉克的畫室跑，他們形影不離，大家都覺得這是一對老朋友。再說，立體主義又是他們倆一起做出來的。

有一天，勃拉克很沮喪地說，他把一幅畫做壞了，許多見到這幅畫的人都皺起了眉頭。「我真想毀掉這件敗筆之作。」勃拉克這樣嘀咕。

「別，別！」畢加索眯著眼睛，在那幅畫前踱來踱去，倒像是發現了傑作似的大聲稱讚個不停，「這幅畫真是棒極了！」

勃拉克有點半信半疑。的確，在那個年頭，好的和壞的都攪在一起，傑作和垃圾連畫家自己也分辨不清。

「真的嗎？」勃拉克問。

「當然，沒問題。」畢加索認真誠懇地回答，「你把它送給我吧，我用我的作品與你交換，怎麼樣？」於是，事情就有了一個美好的結局，畢加索回贈給勃拉克一幅畫，換回了勃拉克自己差點要扔掉的「傑作」。

幾天以後，又有一些朋友去勃拉克的畫室，他們都看到了畢加索的那幅畫，它掛在房間裡十分引人注目。勃拉克感動地說：「這就是畢加索的作品。他送給我的，你們瞧，它真是美極了！」

差不多同一天，還是這些人，也去了畢加索的家，他們一眼瞧見了勃拉克的「傑作」，當他們睜大兩眼迷惑不解的時候。畢加索開始說話了：「你們看看，這就是勃拉克，勃拉克畫的就是這東西！」

傳記作家在提到這段鮮為人知的逸事時，當然是想揭露畢加索為人中魔鬼的一面，狡猾、假惺惺、騙取朋友的「物證」，以及採取狠招，毫不留情地背後攻擊。不過也難怪，誰叫畢加索是個天才呢。要是他只會畫畫，不會動腦，也許至今還默默無聞。

三國時，太史慈在郡裡任官，正巧郡裡和州里有矛盾，是非難辨。在這種情況下，誰先上奏章，誰就佔上風。當時州里的奏章已派人送出，郡裡的官員怕自己落在後頭，想找一個得力的使者去追趕州里送奏章的人。太史慈被選中了。

他日夜兼程趕到了洛陽。這時，州里派出的官員也剛到，正在求守門的官吏為自己通報。

太史慈問他：「你想通報上奏章嗎？」

州里來的吏說：「是的。」

太史慈問他：「你的奏章在哪裡？題頭落款是不是寫錯了？」於是，就把小吏拿的奏章拿過來看，奏章剛拿到手，太史慈就把它撕了。州里來的小吏大叫，拉住太史慈不放。

太史慈對他說：「你要是不把奏章給我，我也沒有機會把它撕了。是禍是福，咱倆都一樣承受，反正也不能讓我獨自蒙受罪責，與其這樣，不如咱倆都悄悄離開這兒。」

他倆離開後，太史慈又一人悄悄地返回，順利地把郡裡的奏章呈交朝廷。

在關鍵的時候，能不能採取非常的手段，最能體現出一個人的智慧和膽略，敢於為別人之不敢為，衝破各種障礙和阻力，千方百計達到自己的目的，為自己爭取利益和主動的形勢，才算得上是真正的聰明。

10 努力在辦公室中獲得權力

越來越多的現代人是在辦公室裡完成成長過程的。在辦公室成長，就意味智慧的能力將成為生存的優勢。要在辦公室裡追求成就，就得首先識別辦公室的成就標誌。你總不能僅僅是內心成就吧。如果內心成就不發揮出來，人就太自私了，未免缺乏一種為人類整體奮鬥的大生活氣概，並且，如果內心成就不能融入週遭環境，就會被孤立，而不能給辦公室增加活力，許多人認定辦公室枯燥乏味就是自私心態造成的。

沒有人刻意要孤立你，我們深信最大多數人是承認他人的個性的，你的個性表現為孤立，他人當然要尊重你的個性，他們還以為孤立是你所要求的，所以只好孤立你。這樣，你自己造成了自己的孤立，還認為辦公室如牢籠般鎖住了你。

也就是說，辦公室的成就主要是看你能不能充分發揮能力。而要想充分發揮能力，就應該處在必要的位置上。而這種位置通常就是職位較高的位置。所以，辦公室的成就標誌就是你的頭銜，你的職位。

這樣，爭取權力就成為辦公室的成就手段。如果你注定一生的大部分時光要在辦公室度過，你就必須去爭取權力，以便充分發揮自己的能力，充分展示自己的個性。

表面上來看，權力是領導層給你的，因為他們一步步把你提拔而起。但從實質上來看，權力是自己給自己的，是靠自己能力去求得的。

那麼，如何有效地在辦公室中獲得權力呢？如下建議可供參考：

1、清楚地看清自己的形勢，以及正確地評價自己的能力

看清自己的形勢，就是要瞭解對手，任何一個辦公室都不是孤立的，不會只有你一個人想謀取陞遷，當然，也許唯一獨霸一間辦公室的人是處於權力最高位的人。既然存在著對手，就必須一爭高下，才能夠脫穎而出。想脫穎而出就要充分地瞭解他人，也就是要知彼。而評價自己的能力就是知己。能夠知己知彼的人，必然能夠獲勝。

2、須瞭解辦公室的權力結構

俗語說：「麻雀雖小，五臟俱全。」就是說一個組織內部不管規模大小，要保持正常運轉，它的主要機構必然是齊全的。你要研究它，就像面對解剖圖一樣研究它的眾多辦公室。一般來說，組織內部都呈金字塔形。第一級是領導者，第二級是各辦公室主管，這一級的主管由財務、業務、後勤三大部分為主，第三級為職員，當然職員中又分無數等級。看清了組織結構，還要分析各部分權力運作的方向，即瞭解下級是經由哪幾個管道通往權力尖端的。

3、要爭取權力，還得自己去爭取

靠什麼去爭？靠能力，靠個性。能力的大小是決定升與不升的真正準尺。個性應該是成熟個性。人們在行為上，喜歡跟著個性自信而堅定向前的人向前。如果靠其他方法就算獲得了陞遷，一旦你依靠的方法不再有存在的條件時，你的地位就會搖搖欲墜。所以，一個人如試圖在辦公室裡陞遷就得精通業務，熟悉技術，這一點可容不得走半步捷徑。

權力的等級越朝上越集中。辦公室各級成員都朝上看，關係也是一層一層的，呈階梯狀。很難有人猛跳一步，直衝雲霄，那必定是個奇蹟，此人多少帶點偶然性。跳得最快的基本上也得採用三級跳方式，一步一步上升。

必須弄清楚級與級之間的關係，一個辦公室職員看不清自己的本分工作，而想越過關係的等級，是會吃苦頭的。階梯如此明確地擺在那裡，你卻要省略幾級，不跌下來才怪。愛因斯坦從梯子上掉下來，閉著眼想的是廣義相對論，你跌下來，能想什麼？

一般來說，循序漸進是最合適的。如果你只是個B級隊水平，偏要說有A級隊水平，就算他人相信了你，讓你上場試一試，你不讓人跌破眼鏡才怪。

一個優秀的職員會主動去鍛鍊自己，使自己的個性和工作相聯繫，希望以自己出色的表現去爭取陞遷機會。這裡有一個充分規劃的問題。由於權力是越往上越集中，你分管的範圍會不斷擴大。假設你是從會計升到財務主管的，也許這項業務你還對付得了，但如果把你升到業務主管的位置，你還能對付嗎？能對付當然好。不能對付就糟了。所以，要充分規劃，規劃的目的就是為了提前做好準備。一個優秀職員絕對要盡可能熟悉組織內部的各部門的業務性質，以便將來擔任領導人時能發揮這些知識。

所以，在一層一層的關係中，要一步一步地上升，不急於爭取掌握太大的權力。每上升到一個層次，就把這個層次瞭解透徹，再慢慢指望更高的層次。

11 做好上司的追隨者

要成就事業，不僅要學會從身邊的小事做起，而且要學會做個追隨者。這往往是由你自身所處的位置決定的。

為了在職場順利發展，必須要瞭解如下原則：

1、尋找你的位置

請你對著鏡子凝視片刻，沉思一下自己在公司處於怎樣的位置，在周圍環境中處於怎樣的位置，在整個社會中又處於怎樣的位置……這是你必須要想到的。如果是個祕書，你不寫寫資料，又去幹什麼呢？如果你是一般辦事人員，你不迎客倒茶，接接電話，跑跑腿，又去做什麼呢？請你明白，你是來辦事的，是來服務的，現在不是要你來決定天下大事的。如果你能認識到這些，你就自然會生活得「坦蕩蕩」，而不是「長慼慼」了。

2、做個能幹的「助手」

要想得到上司的信任與提拔，以成就自己的事業，你必須學會做個能幹的「助手」。許多人都有「寧為百夫長，勝作一書生」的思想，他們崇奉「不想當將軍的士兵不是好士兵」的格言，這是對的。但是，為了實現這些美好的理想，在行動的前期，必須學會做個能幹的「宰相」。在你工作時，接電話的態度是否誠懇？你的腿是否跑得勤快？你的所有的工作是否熱情大方，體現你旺盛的精力，進而博得上司滿意？請你務必做好身邊的事務，哪怕是倒一杯茶，也要展現你的工作藝術。應該牢記：「我是來服務的。」

3、在追隨中成長

「在追隨中成長」是比較明智的人喜歡採取的策略。今天的助手就是明天的領導者，這是必然的規律。你是否意識到這一點？在你成長的道路上，千萬別心急，欲速則不達，這是一條不以人的意志為轉移的規律。

請務必記住，當您經過一番努力，取得一定成績的時候，應當謙虛地說：「我的成績是在您領導的幫助下取得的。」這不僅對於你的上司，對同事及下屬也都是適用的。要做到這一點，是不容易的，但為了你的目標，你必須這樣做。只有這樣，在不斷的追隨中才能不斷地成長。記住：「謙虛才是人的最大美德。」

4、善於領會領導人的意圖

正確領會和實現領導人的意圖，這是好部屬的重要標誌，也是想在事業上有所建樹的聰明者所追求的目標之一。如果說話辦事違背領導意圖，那就可能「出力不討好」，把事情弄糟。領導者透過文字或口頭下達命令、批示、決定、交辦意見等意圖，都需要下屬用心去理解、體會，有時還要向領導者當面詢問、請教。

要得到上司的欣賞，要在領會領導人意圖的前提下，善於在工作中揚長避短，處理好和上司的關係。

12 不爭上司的榮耀，不做越位的事情

作為下屬，絕對不可以跟上司搶風頭，把本該屬於他的榮耀往自己臉上貼。可是有些人偏偏不注意這一點，動輒忘記了自己的身分，做一些「越位」的事情。

常見的「越位」表現有下面幾種，追求在事業上有所發展的人一定要避免以下幾點：

1、決策的越位

在有的企業中，職員可以參與決策，這時就應該注意，誰作什麼樣的決策，是要有限制的。有些決策職員可以參與意見，有些決策，職員還是不插話為妙。

2、表態的越位

表態，是表明人們對某件事的基本態度。表態要跟一定的身分密切相關。超越了自己的身分，胡亂表態是不負責任的表現，也是無效的。對帶有實質性問題的表態，應該由上司或上司授權才行。而有的人作為下屬，卻沒有做到這一點。上級領導者沒有表態也沒有授權，他卻搶先表明態度，造成喧賓奪主之勢，陷上司於被動。

3、工作上的越位

哪些工作由你做，哪些工作由他做，這裡面有時確有幾分奧妙。有的人不明白這一點，有些工作，本來由領導人做更合適，他卻搶先去做，因此造成工作越位。

4、答覆問題的越位

這與表態的越位有些相同之處。有些問題的答覆，往往需要有相應的權威，作為職員、下屬，明明沒有這種權威，卻要搶先答覆，會為領導者造成工作中的干擾，也是不明智之舉。

5、某些場合的越位

有些場合，如與客人應酬、參加宴會，也應當適當突出領導人。有的人作為下屬，張羅得過於積極，比如同客人如果認識，便搶先上前打招呼，不管上司在不在場。這樣顯示自己太多，十分不好。

「越位」對上下級關係有很大影響。下屬的熱情過高，表現過積極，會導致領導者偏離帥位，大權旁落，無法實施領導者的職責。因此，他們往往把這視為自己權力的嚴重侵犯。下屬如果經常這樣，領導人會視之為「危險角色」，不得不警惕你，甚至來制約你。這時，即使你有意與領導者配合，他們也不願與你配合了。

13 放下架子，有意親近上司

許多剛步入職場的年輕人比較靦腆，或清高，或害羞。如果不是向上級交報告，他們絕不會到上司辦公室去坐上一坐，談上五分鐘；召開部門會議時，他們總是坐在離上司最遠的地方，既不提建設性意見也不提批評意見，即便被點名發言，也僅是倉皇結束；甚至，在單位安排公司旅遊時，上司一再聲明要與大家盡情遊樂，彼此放下職位等無形約束，他們仍顯得拘謹或者清高，不想與上司同玩。他們總是與「群眾」在一起，言談之中，似乎還非常鄙薄那種親近上司，親近權威的行為。

然而很不幸，這些在上級的印象中總是「朦朦朧朧說不出好壞」

的基層職員，總是缺少申明自己看法，發揮自己才華的機會，總是顯得懷才不遇、鬱鬱寡歡。在議論中，他們會抱怨上級沒有識人的眼力。但其實，老練的人都知道，任何人的觀察範圍都是有限的，上級面對的是一個靜默而強有力的團體，發揮出這個整體的優勢才是他晝夜要考慮的：至於識不識人，首先在於這個有才華的人自己是否甘於坐到權威面前去，展示自己不為人知的一面。也就是說，你要給上級一個機會認識你，然後才談得上合理地派遣你到最合適的位置上去。你要成功，在面對權威時，自己首先要放下那副「有才華的老百姓」的架子。

在親近權威的歷程中，有些細節是不能不注意的：

1、不要以一個爭辯者的形象出現

任何明智的領導人都歡迎不同意見，但都反對把時間無謂地花在爭辯上。「不要爭辯」被寫入了許多權威的行為準則中，搞企業、用人，都不需要爭辯中的對立情緒。所以，如果你有機會面對面地提出不同意見，須記住不要以「拍案而起」的方式，而是要在幽默而尖銳的氛圍中一針見血地提出來，要懂得在這其中維護權威或領導人同樣敏感的自尊心，要詼諧而巧妙地提出反對意見，最好讓領導人在笑聲中接受。

2、要重視用工作成績來說話，更要重視對領導人的「私人關懷」

作為明智的領導人，當然歡迎坐到他面前來的員工都是競爭中的強者，但他同樣不希望他們遞上公文夾就走。「高處不勝寒」，一名領導人要承受的壓力和孤獨是無法言喻的，這背後也許包含著諸多動人的「私人故事」。例如：他被迫不能家庭和事業兼顧；他最終成了每月只有一次機會探望兒女的「成功人士」；他最終為事業上的傾注而付出了代價——他的健康狀況堪憂。即使身為老闆，他也找不到能分擔苦惱的人。因為，他已被人們的想像熔鑄成精神上的「鋼鐵戰士」。所以，領導人也需要關懷。世事就是這麼奇妙，很多人，是先在私人壓力上安撫了處在強者位置上的領導人，然後，他們意外地獲得了成功的機遇。記住：領導者也急需來自下屬兼朋友的「私人關懷」。

3、偶爾可以犯些無傷大雅的小錯誤

從本質上來說，誰都不希望有才華的人不露破綻。領導人也是如此，如果你在才華之外謹小慎微，滴水不漏，他也許會懷疑你對他而言是潛在的威脅。這種親近之舉可能反而對沒野心、一心做事業的人沒好處。所以，不如在上司面前犯些無傷大雅的小錯誤，藉機展示「本真的你」，取得他的信賴。

4、私下多和領導人接觸

接受來自領導人非公務意義的邀請當然會引發一些議論，甚至，在你被點名去陪患有五十肩的領導人打幾局乒乓球時，整個公司已盛傳你將要被提拔的消息了。但你是否要因此打退堂鼓，推掉這個可以全面展示自己的機敏、活力、自信風采的機會呢？事實上，你正好可以在這次非公務意義的邀請中展現自己的說服力。

不要忘了，領導人不一定會在正式場合中觀察人，在正式場合中，人人都正襟危坐，面目模糊。而在單獨接觸的私人氛圍中，他們各自的目的性和為人做派，就呈現了出來。比如，阿諛之人在這種場合會很緊張，琢磨怎樣的對陣結局是領導人最喜歡的；心地磊落之人，卻可以放開手腳來打乒乓，這一切，相信都逃不過識人者的眼光。

5、別怕流言蜚語

當然，如果你與領導人的關係密切，你就有可能會失去群眾基礎。你與領導人關係密切，當被委以重任之後，一些原先的「朋友」會疏遠你。也許是出於嫉妒，也許是出於旁的什麼原因，他們會散佈對你不利的流言。比如說，說你是上層的「關係戶」。但，最終每個人是憑自己的能力與才華說服人的。如果你受到提升，而且勝任或勝出那個職位，流言就會雲開霧散。我們不能操縱別人的議論，但可以生長自己的智慧之果。面對果實，任何非議都站不住腳。所以，你要成功，先不要畏於人言。只要你不是諂媚之徒，真相最終會還你清白。所以，關鍵是先抓住成功之梯的第一級：讓權威肯定你，認識你。

14 要適度爭取自己應得的利益

你是否認真的考慮過：你是在為了什麼而工作？你是在為誰而工作？也許對於這個問題有很多的回答。然而，任何人都不能否認，我們在某種程度上都是為利益而工作，比如金錢、福利、職務、榮譽等等，否則就未免太虛偽了。

在市場經濟體制下，我們說為利益而工作是正大光明的。在一個工作群體中，在利益面前，不要逆來順受，也不要過分謙讓，應該大膽地向領導爭取自己應該得到的利益。

之所以強調在與領導人相處的過程中要學會爭利這個問題，就是因為有許許多多的人因為不會爭利而頻頻「吃虧」。不會爭利一般有兩種表現：一種是不敢爭利，甚至連自己應該得到的也不敢開口向上司要求，既怕同事有看法，也怕給上司造成壞印象，大有「君子不言利」的味道；一種是過分爭利，利不分大小，有利就爭，結果整日跟在上司屁股後喋喋不休地講價錢、要好處，把對方追得很煩。在聰明人看來，這兩者都是不會爭利，爭利也有個技巧問題。

常言道：「老實人吃啞巴虧」，「會吵的孩子有糖吃」。這是老祖先總結出的道道地地的「真經」。在同等條件下，兩個同事工作都算對得起自己的良心，比較勤懇認真，但在較高的職位出現空缺時，一個人不善於表達，沒和上司談過自己的想法，結果至今仍在原來的職位上「堅守」；但另一位卻多次找上司談自己的想法，有空就暗示自己希望被提拔，結果被優先考慮，而他的那位老實的同事，就只能眼巴巴地看著別人走上了晉陞之路。難道他不明白其中的奧妙嗎？

有些人認為向上司要求利益，就會影響兩者的關係。於是，什麼都不敢提，結果往往也是一事無成。做好本職工作是分內的事，要求自己應該得到的也是合情合理的。付出越多，成績越大，應該得到的就越多。

只要你能為公司做出成績，向上司要求你應該得到的利益，他也會滿心歡喜。如果你無所作為，無論在利益面前表現得多麼「老實」，上司也不會欣賞你。事實上，從領導藝術上來說，善於駕馭下屬的上司，往往也善於把手中的利益作為籠絡人心、激勵下屬的一種手段。可見，下屬要求利益與上司掌握利益是一個積極有效的處理上下關係的互動手段。一個有貢獻的人，一個有成就的人，為自己的利益而爭取是光明正大的。那麼，具體該怎樣爭取自己應該得到的利益呢？

1、不要錯過晉陞的機會

現代社會充滿了競爭，仕途也不例外，在通往金字塔頂的道路上，每一步都是競爭的足跡。對於同一職位覬覦者眾多。因此，當你瞭解到自己所羨慕的某一職位出現空缺時，就要主動爭取，主動出擊，把自己的想法或請求及時告訴領導人。即使上級已經有了指定的候選人，如果這位候選人在各方面條件都不如你時，你也應該積極主動爭取，過分的謙讓可能會堵死你的晉陞之路。當然，下級向上級提出請求時應講究方式，不能簡單化。宜明則明，宜暗則暗，宜迂則迂，這要根據你上級的性格、你與上級以及同事的關係等因素而定。

2、適當的提出調換工作崗位的請求

一個人如果能得到與自己的能力、興趣完全一致的工作崗位，那無疑是一件非常值得慶幸的事。但是，在現實生活中，命運往往跟人們過不去。人們也往往在社會分工中，在某一部門，被安排在某個不甚理想的工作崗位。例如，有人想最做電工，卻分到了機床邊；有人想開汽車，卻來到鍋爐旁……面對這種種不盡如人意之處，人們應該調整自己的取向，而不能一味遷就社會，將就自己。在條件允許的情況下，應該主動找領導人談談，提出調換工作崗位的要求。當然，在提出類似的請求時，最好是先考慮一下這樣做的可行性究竟有多大，然後再作決定。

3、把握住爭取利益的時機

「重賞之下，必有勇夫」。上司在交代重要任務時，常常利用承諾作為一種激勵手段。對下屬而言，這既是壓力又是動力；對上司而言，心理上也感到踏實、穩定。如果對方在交代任務時忘記了承諾，或不好做出承諾，你應該提前要求你應該得到的，這不是什麼趁火打劫，上司也較容易接受。

在接受重大任務前，當面向上司請求自己應該得到的，既表明你對完成任務充滿信心，也能表明你既然如此坦誠的要求了利益，那麼在完成任務的過程中，就會全力以赴，至少在上司心目中能造成這樣一種印象。

4、爭取利益要掌握好分寸

有些人在向領導人提要求的時候，很難掌握好分寸和時機，往往要求過高，引起對方的反感，招致「講價錢」、「做了多少事」的奚落。為了避免這種局面，就需要講究一定的原則和技巧。

首先是不爭小利。不為蠅頭小利傷心動氣，略顯寬廣胸懷、大將風度，在上司心目中形成「甘於吃虧」、「會吃虧」的好印象，在小利上堅持忍讓為先。

其次是按「值」論價，等價交換。最簡單的例子，如你拉到一百萬元贊助費或為公司創利一千萬元，你要按事先談好的「提成」比例索取報酬，不能擴大要求，也不要讓上司削減對你的獎勵。

為了取得預期的效果，不妨誇大困難，允許上司打折扣。「漫天要價，就地還錢」也是對付一些喜歡打折扣的領導人的方法。有時你把困難說小了，對方可能給你記功小，給你的好處也少。因此，要學會充分「發掘」困難，善於向上司表露困難。要求利益時，可以放得大些，比你實際想得到的多一些，給上司一些「餘地」，不給人造成你「想要多少就給多少」的想法。所以，誇大困難和要求實在是一種必要的處事策略，關鍵問題是要掌握住關鍵時機和重要關口。

15 必須掌握的職場求勝法則

你有沒有籌劃一下自己的生活，還是做一天和尚撞一天鐘，一切隨遇而安？如果你沒有明確的目標，就很可能失利。你要想勝人一籌，就必須瞭解一些職場求勝的法則。這一切並無奧祕，只需正視事實。

1、瞭解別人，爭取支持

請想想，商政以至其他各界的領袖人物，他們大都知道怎樣使自己要做的事獲得別人的支持。他們會說服別人接納其觀點，也知道別人會怎樣做。

要想獲得別人的支持，你必須知道他們最重視的是什麼？他們有什麼信仰和恐懼？你要說什麼才可以獲得他們信任？你要駕馭別人，也必須尊重別人的自尊，同時要他感到「此事對我有益」。

要向可信賴、經驗豐富的人學習。例如，你找到了一份新工作，就應向一、兩位老員工探聽公司操作的方式。他們熟知公司的情況，可以告訴你高層的喜好，甚至告訴你晉陞的祕訣。

你必須明白自己和同事「為什麼」以及「怎樣」做目前的工作。要瞭解人類的天性，只有這樣，你做的一切才能引起別人的共鳴。

2、對自己的行為負責

假如你不喜歡目前的工作，假如你活得不快樂，責任在你自己的身上。只要你承認，目前情況是自己造成的，那麼，你就可以分析，自己是怎樣導致如今的局面的。你是否誤信他人，或忘了提出自己的要求，或對自己的要求過低？

明白了自己的責任，你就開竅了，不會再說：「他們為什麼這樣對我？」你會說：「我幹嘛這樣對待自己？我要怎樣自我改造，才能改變這種局面？」你明白了解決問題要靠自己，就會行動起來改變自己的生活。

這並不是說你該責怪自己，只是說你要對自己的所為負責。這裡的差別是很重要的。你必須明白的是：怎樣選擇、怎樣處事都由你自己決定，因而你應該為結果負責。即使你童年時曾經有過慘痛的經歷，那時，你無力抗拒；現在你身為成年人，絕對可以自求多福。你必須明白，過去的事已經過去，未來的事還未來臨，你要知所取捨。

3、正視問題，努力解決

假如你不願意正視問題，就不可能解決問題。你必須切實瞭解自己的不是，不怕質疑自己的信念與行為。你是不是太懶惰了？太膽小了，你有沒有生活目標？是不是經常對自己失信？你不能一味替自己找藉口推卸責任。推卸責任會扼殺夢想，甚至會使你走上絕路。

如果你總是推諉、逃避，你就永遠不能正視問題，於是也就不能解決問題。你要承認自己不是完美的，要能夠從經驗中吸取教訓，勇於抉擇，改變不符合理想的現狀。

4、積極行動，改變生活

人家怎樣看你，會嘉許還是懲罰你，都取決於你的行為。換言之，

行動才是最重要的。你心裡想什麼，人家不會在意。無論你有什麼思想或大道理，假如不付諸實施，就沒有任何價值。比如，醫生明知病人已氣息奄奄，卻不聞不問，病人就是死定了；你明知自己的婚姻已經出現危機，還不努力補救，婚姻最後一定以離婚收場。你只有切切實實改轅易轍，才能改變生活。

一定要行動起來，為生活做一些事。這些事可以是健身，可以是重返校園，也可以是尋找新工作。總之，行動會為你的生活帶來新的動力。你會認識新朋友，找到新機會，不久就會發現生活多姿多彩。

5、目光遠大，不懈努力

人生不可能沒有困難和煩惱。有些人可能家庭生活一帆風順，工作上卻不順利；有些人則相反，工作如意，家庭卻一塌糊塗。接受這個事實，你就不會把每個問題都看成是危機，也不會認為自己是人生旅途上的敗將。

你就是自己的經理人，必須講求效率，爭取豐厚回報。假如你目前不是一個好經理人，那就得振作起來，下決心解決問題，而不是逆

來順受。

你要為自己制定全盤的計劃，不能任由命運擺佈。要明白：你應該得到的一切，不該比別人差，你要為自己努力。如果你不求大富大貴，可能日子過得很舒服，但是這種生活暮氣太重，未必真是福氣。你應該不斷進取，為實現更高的目標而更加勤奮聰明地工作。

不難想像，假設有一個精靈從瓶子裡蹦出來說：「請告訴我，你要什麼？」多數人會張口結舌，不知道要什麼好。他們大概會說：「什麼都可以。」但是這可不行。你必須認定自己的目標。因此，你應該快一點制定大計。對你來說，成功是什麼？成功的感覺是怎樣的？你會怎樣爭取成功、在哪裡爭取、和誰一起爭取？你必須大膽構思，但是不能脫離現實。如果你已四十五歲，既不能跳又不能跑，卻想做一個職業運動員，那就太不切實際了，你可能要選擇其他的目標。

假如你的目標很高或很不尋常，請不要怯於啟齒。不少東西即使你提出要求，都未必得到；連要求都不提出，就更不用說了。你在報

贏家 31

人不能不壞：生活中絕對受用的處世技巧

編著　張正晧
出版者　大拓文化事業有限公司
執行編輯　林秀如
封面設計　林鈺恆
內文排版　姚恩涵

總經銷　永續圖書有限公司
劃撥帳號　18669219
地址　22103 新北市汐止區大同路三段一九十四號九樓之一
TEL　(〇二)八六四七—三六六三
FAX　(〇二)八六四七—三六六〇
E-mail　yungjiuh@ms45.hinet.net
網址　www.foreverbooks.com.tw

CVS代理　美璟文化有限公司
TEL　(〇二)二七二三—九九六八
FAX　(〇二)二七二三—九六六八

法律顧問　方圓法律事務所　涂成樞律師

出版日◇二〇一九年四月

國家圖書館出版品預行編目資料

人不能不壞：生活中絕對受用的處世技巧 / 張正晧編著. -- 初版. -- 新北市：大拓文化, 民108.04
面；　公分. -- (贏家；31)
ISBN 978-986-411-093-3(平裝)
1.人際關係 2.生活指導
177.3　　108002173

紙上登廣告賣二手車，要價七萬元，有人會出九萬元買嗎？因此，目標不要定得太低，否則，你終生會做著自己不願意做的工作。只有當你制定了目標，你才可以為這目標努力奮鬥。但必須注意的是，你的目標必須務實，更要清晰。

謝謝您購買 人不能不壞：生活中絕對受用的處世技巧 這本書！

即日起，詳細填寫本卡各欄，對折免貼郵票寄回，我們每月將抽出一百名回函讀者寄出精美禮物，並享有生日當月購書優惠！

想知道更多更即時的消息，歡迎加入"永續圖書粉絲團"

您也可以利用以下傳真或是掃描圖檔寄回本公司信箱，謝謝。

傳真電話：（02）8647-3660　　信箱：yungjiuh@ms45.hinet.net

☺ 姓名：＿＿＿＿＿＿＿＿　□男　□女　　□單身　□已婚

☺ 生日：＿＿＿＿＿＿＿＿　□非會員　　□已是會員

☺ E-Mail：＿＿＿＿＿＿＿＿　電話：（　）＿＿＿＿

☺ 地址：＿＿＿＿＿＿＿＿＿＿＿＿＿＿＿＿

☺ 學歷：□高中及以下　□專科或大學　□研究所以上　□其他＿＿＿＿

☺ 職業：□學生　□資訊　□製造　□行銷　□服務　□金融

□傳播　□公教　□軍警　□自由　□家管　□其他＿＿＿＿

☺ 您購買此書的原因：□書名　□作者　□內容　□封面　□其他＿＿＿＿

☺ 您購買此書地點：＿＿＿＿＿＿＿＿　金額：＿＿＿＿

☺ 建議改進：□內容　□封面　□版面設計　□其他＿＿＿＿

您的建議：＿＿＿＿＿＿＿＿＿＿＿＿＿＿＿＿

傳真、掃描或寄回至「22103新北市汐止區大同路三段194號9樓之1大拓文化收」

廣告回信
基隆郵局登記證
基隆廣字第57號

大拓文化事業有限公司收

新北市汐止區大同路三段一九四號九樓之一

請沿此虛線對折免貼郵票，以膠帶黏貼後寄回，謝謝！

想知道大拓文化的文字有何種魔力嗎？

- 請至鄰近各大書店洽詢選購。
- 永續圖書網，24小時訂購服務
  www.foreverbooks.com.tw
  免費加入會員，享有優惠折扣
- 郵政劃撥訂購：
  服務專線：(02)8647-3663
  郵政劃撥帳號：18669219